山东大学校训：

学无止境

气有浩然

成长·成才·成功

——大学生学习生活400问

（第七版）

主　编　杨　玉　葛彩云　常伟东

副主编　贾　鹏　陈　莹　刘　萍

邹　伟　孔　雷　王彦涛

陈　剑　王继涛

山东大学出版社

前言

亲爱的同学，经过十几年的寒窗苦读，接受了无数次的考试选拔和六月的严峻洗礼，你终于以胜利者的姿态来到山东大学最美丽的校区——山东大学(威海)。大学是青年人探索真理、追求自我完善的平台，更是学子们放飞理想、实现人生价值的起点。山东大学作为中国第一所按章程办学的起源性高等学府，有着悠久的办学历史和优良的育人传统。随后的几年里，你将在蓝天白云、碧海沙滩的环绕和青山翠湖、红瓦绿树的拥抱中沐浴绚丽的阳光和清新的海风，在“为天下储人才，为国家图富强”的宗旨和“学无止境，气有浩然”的校训熏陶下品味山大的厚重底蕴和威海校区的青春风采。这里将是你梦起飞的地方，是你由成长到成才、最终通向成功之路的新的人生起点。

大学生活将是丰富多样、绚丽多彩的，但大学生活更是富于挑战和充满考验的。因为大学是追求理想的净土而不是贪图享受的乐园，是展示才华的舞台而不是养尊处优的场所。在大学里，同学们要面临全新环境的适应、自我定位的调整、职业方向的规划、学业目标的制定、人际关系的调试、专业学习的压力、素质能力的拓展、感情因素的困扰、经济负担的加重和择业就业的困惑等诸多挑战和考验，能否以积极向上的状态从容应对各项挑战和考验，决定一名大学生是圆满地完成大学生活还是留下诸多遗憾。

为了帮助同学们了解掌握国家及我校在学生管理方面的法规政策和规章制度，切实维护同学们的切身利益，进一步优化育人环境，促进学生教育、管理和服务工作的科学化、制度化、规范化，帮助同学们了解即将面临的各种问题以及掌握应对和解决这些问题的有效方法，顺利地度过大学生活，我们编写了这本《成长·成才·成功——大学生学习生活 400 问》(第七版)。这是一本指导性读物，共有十三章合计 400 个问题，其内容涵盖了同学们在校期间将要面对的方方面面的问题。从入学报到到择业就业，从专业学习到素质拓展，从规章制度到安全知识，从人际交往到心理健康，可以说题材广泛、内容丰富，既是广大同学思想、学习、工作和日常生活的指南，也是学生工作系统全体人员的必备参考书。

参加本书编写的人员有：杨玉、葛彩云、常伟东、贾鹏、赵辉、陈莹、刘萍、高佚婧、杨青、邹伟、秦小云、陈剑、刘凤华、王继涛、何荣毅、孔雷、王彦涛、马莲。本书由杨玉、葛彩云、常伟东任主编。

由于出书时间仓促，编者水平有限，书中难免有不当之处，敬请广大读者批评指正。

编　者

2016 年 6 月

目录

第一章　山东大学和山东大学（威海）概况

1. 山东大学概况

山东大学是一所历史悠久、学科齐全、学术实力雄厚、办学特色鲜明，在国内外具有重要影响的教育部直属重点综合性大学，是国家“211 工程”和“985 工程”重点建设的高水平大学之一。

山东大学是中国近代高等教育的起源性大学。其医学学科起源于 1864 年，为近代中国高等教育历史之最。其主体是 1901 年创办的山东大学堂，是继京师大学堂之后中国创办的第二所国立大学，也是中国第一所按章程办学的大学。从诞生起，学校先后历经了山东大学堂、国立青岛大学、国立山东大学、山东大学以及由原山东大学、山东医科大学、山东工业大学三校合并组建的新山东大学等几个历史发展时期。百余年间，山东大学秉承“为天下储人才，为国家图富强”的办学宗旨，践行“学无止境，气有浩然”的校训，踔厉奋发，薪火相传，形成了“崇实求新”的校风，为国家和社会培养了 40 余万各类人才，为国家和区域经济社会发展做出了重要贡献。

作为国家首批重点建设的“211 工程”和“985 工程”大学，近年来山东大学实现了跨越式发展，各项事业均达到了前所未有的高度。学校的综合办学实力和竞争力明显增强，办学质量和为国家、区域服务的能力显著提高，国际影响力大幅度提升，9个学科的学术影响力和贡献能力跨入世界前1%。学校基本完成了从教学科研型大学向研究型大学的转型。

学校规模宏大，实力雄厚。总占地面积8000余亩（含青岛校区约3000亩），形成了一校三地（济南、青岛、威海）八个校区（济南中心校区、洪家楼校区、趵突泉校区、千佛山校区、软件园校区、兴隆山校区及青岛校区、威海校区）的办学格局。现有4所附属医院，3所非隶属附属医院，11所教学、实习医院。拥有在职教职工7782人（不含附属医院）。各类全日制学生达6万人，其中，全日制本科生41103人，研究生16607人，留学生1813人。学校汇聚了一批杰出人才，共有教授1107人，博士生导师907人。其中，诺贝尔物理学奖获得者Peter Grünberg教授加盟山东大学，受聘为特聘教授；山东大学研究生导师莫言教授荣获2012年诺贝尔文学奖。同时，学校有中国科学院和工程院院士8人，双聘院士43人，山东大学终身教授11人，山东大学人文社科一级教授14人；"千人计划"国家特聘教授22人，"青年千人计划"5人；国务院学位委员会学科评议组成员7人；国家百千万人才工程入选者26人；教育部"长江学者奖励计划"特聘教授、讲座教授39人，国家杰出青年基金获得者32人，山东省泰山学者特聘专家教授45位、泰山学者海外特聘专家22位、泰山学者攀登计划人选4位，国家级教学名师9人。7个优秀科研创新团队入选教育部"创新团队发展计划"，3个优秀科研创新团队入选"国家自然科学基金创新研究群体"。学校还拥有精良的教学科研平台，有一级学科国家重点学科2个（涵盖8个二级学科）、二级学科国家重点学科14个、二级学科国家重点培育学科3个，省级重点学科70个，覆盖文、理、工、医四大学科领域，实现了各学科的协调发展；有国家重点实验室、国家工程技术研究中心、国家工程实验室、国家工程技术推广中心等国家级科研平台 8 个,国家“111 创新引智计划项目”5 项,教育部人文社会科学重点研究基地 4 个,教育部、卫生部重点实验室及工程技术研究中心 20 个,另有大批省级重点实验室和工程技术研究中心。

山东大学是中国目前学科门类最齐全的大学之一,在综合性大学中具有代表性。本科生和研究生层次教育涉及哲学、经济学、法学、教育学、文学、历史学、理学、工学、农学、医学、管理学、艺术学等 12 大学科门类。拥有一级学科博士学位授权点 40 个,一级学科硕士学位授权点 55 个,专业学位博士点 3 个,专业学位硕士点 27 个,本科专业 118 个,博士后科研流动站 38 个,形成了结构完整、实力雄厚、独具特色的人才培养体系。在历史发展中,山东大学形成了自己的学科优势和特色。特别是经过 20 世纪 30 年代和 50 年代在青岛办学时期的辉煌与发展,不仅奠定了“文史见长”的学术特色,出现了一批在国内外享誉甚高的人文学者,以及像《文史哲》这样备受关注的学术阵地,而且在自然科学领域也打下了良好基础,使山东大学跻身于中国著名学府的行列。20 世纪末三校合并以来,新发展的金融数学、晶体材料、凝聚态物理、胶体界面化学、微生物、机械、材料学、心脑血管功能修复、新药制造、中国古典哲学等学科均达到国内一流水平,有些方向和领域已处在世界水平。

2010 年 7 月,全国教育工作会议召开和《教育规划纲要》颁布实施以后,我国高等教育又将迎来新的机遇和历史性跨越,所有高等学校都站在了新的历史起点上。面对前所未有的历史性机遇,山东大学提出了在建校 120 周年时初步建成世界一流大学的宏伟目标。在新的历史起点,山东大学将抓住机遇,坚持走内涵发展、质量发展、特色发展道路,坚持学术立校、人才强校、特色兴校、依法治校战略,大力推进国际化,全面实施学术振兴行动计划,为实现建设世界一流大学的新的办学目标而不懈努力!

2. 山东大学(威海)概况

山东大学(威海)创建于 1984 年,是山东大学与威海市政府联合共建的多学科、开放式、综合性大学校区。她的诞生开创了我国名校异地办学的先河;而她的每一步成长,也恰好印证了改革开放以来我国高等教育不断深化改革与科学发展的光辉历程。

山东大学(威海)坐落于最适宜人类居住的美丽滨城威海,校园景色宜人,山、海、湖、林皆具,文化底蕴深厚。学校占地 1600 余亩,现有 10 个学院和 2 个教学部,44 个本科专业,61 个硕士专业,20 个博士专业,涵盖文学、艺术学、法学、经济学、管理学、理学和工学等七大学科门类,已形成了培养博士生、硕士生、本科生、留学生等多层次的教育体系,同时可在法学、政治学、物理学、应用经济学、中国语言文学、生物学、机械工程、外国语言文学、数学、药学、生态学、信息与通信工程、控制科学与工程、计算机科学与技术、材料科学与工程等 15 个一级学科招收博士后。现有全日制统招本科生 13900 余人,留学生 700 余人,博士、硕士研究生 1000 余人;教职工 1200 余人,其中教授、副教授 418 人,博士、硕士生导师 336 人。

学校基础教学设施完备。图书馆主体建筑面积 2 万多平方米,拥有中外文藏书 140 余万册,电子图书 250 万册,各类中外文电子文献数据库 120 余个,是集文献服务、知识服务、个性化服务于一体的多类型、多层次、全开放式管理的现代化图书馆。教学、科研实验室 65 个,语音室 26 个,多媒体教室 138 个,教学、科研仪器设备 1.6 万余台(套),多媒体教室和语音室座位数 1.6 万多个。

学校坚持以教学为中心,以科研为支撑,按照"加强基础,发展内涵,提高质量,建设特色"的工作思路,坚持全方位开放式发展战略、教育创新战略和人才强校战略,实现学校学术竞争力、社会影响力和国际化水平的三大提升,切实抓好学科建设、科学研究、人才队伍建设三项重点,着力打造“空间科学”“海洋科学”和“韩国教育与研究”三大特色,全面提高学校的教育教学质量,提升整体办学水平和综合实力。

学校不断深化教育教学改革,实行三学期制,人才培养质量稳步提高。大力加强本科教学工程建设,已有国家级和省级精品课程 18 门,朝鲜语专业为国家级特色专业,另有省级品牌专业及特色专业 12 个,省级优秀教学团队 4 个,省级优秀教材 5 部,省级实验教学示范中心 3 个,省级双语教学示范课程 3 门,拥有“山东省光学天文与日地空间环境实验室”“山东省海洋微生物菌种资源库平台”“山东省生态型人工鱼礁实验中心”“山东省应用海洋生物学高校重点实验室”和教育部深空探测联合研究中心“行星光谱与空间天气分中心”等 5 个省部级科研平台,以及“法律方法论研究中心”省部级重点研究基地。鼓励学生积极开展科技创新活动,已获国家大学生科技创新项目 67 项,参加大学生数学建模竞赛、电子设计竞赛、智能汽车竞赛、机电产品创新设计竞赛、“挑战杯”等课外学术科技竞赛,近三年获得国家奖 70 余项,省级一等奖、二等奖近 400 项。

学校不断优化科研环境,提升科研实力。近几年来,学校先后承担国家“973”项目、“863”计划、国家社科基金项目、国家自然科学基金项目、教育部重点基地重大项目、教育部人文社科研究项目、国家海洋局海洋可再生能源专项、山东省社科基金项目、山东省自主创新专项、山东省科技发展计划项目、山东省自然科学基金等各类科研项目 920 余项,获地厅级及以上科研成果奖 110 余项。

学校以“三跨四经历”教育为载体,着力加强学生创新实践能力培养。“三跨”即跨学科、跨学校、跨国境学习,“四种经历”即本校学习经历、海外学习经历、第二校园经历和社会实践经历。“海外学习经历”项目内容目前包括教育部批准的中外合作办学项目、“半年/一年访学项目”“1+2+1/2+2 双学位访学项目”“3+1+1

本硕连读项目”及短期访学等多种形式，涉及美国、英国、法国、西班牙、瑞典、德国、俄罗斯、澳大利亚、韩国、日本和中国的台湾、香港等 12 个国家和地区的 75 所高校，满足了越来越多的学生赴海外高校学习的需要。同时，在校生还可通过校际交流，到国内著名高校体验第二校园文化。学校要求所有学生参与形式多样的社会实践活动。

学校设有多种奖学金，对品学兼优的学生给予奖励，拥有完善的国家助学贷款、困难补助和勤工助学制度，帮助家庭经济困难的学生完成学业。学生在圆满完成学业后，由山东大学颁发统一的毕业证书。同时，有超过 10％的应届毕业生被免试推荐到国家“211 工程”和“985 工程”院校以及国家级科研院所攻读研究生。

山东大学（威海）以其优越的自然环境和社会条件，优良便捷的生活设施，严谨的校风、教风和学风以及丰富多彩的校园文化生活，不仅吸引着众多知名学者和专家前来讲学、任教，而且还为莘莘学子求学成才创造出广阔的发展空间。

第二章　学籍管理

3. 新生如何取得学籍?

新生入学后,学校在三个月内按照国家招生规定对其进行资格审查。审查合格者予以注册,建立学籍;审查不合格者,由学校区别情况,予以处理,直至取消入学资格。凡属弄虚作假、徇私舞弊入学者,一经查实,学校将取消其学籍。情节严重的,交有关部门处理。

4. 学校在学制上是怎样规定的?

学校实行学分制管理。各专业标准学制为四年,学生可提前一年或推迟两年毕业,但在校最长年限(不含因病休学时间)不得超过标准学制两年。即在校最长年限(不含因病休学时间)为6年。

5. 新生因病不能继续学习怎么办?

对患有疾病的新生,经学校指定的医院确诊不宜在校学习的,可以保留入学资格一年。保留入学资格者不具有学籍。在保留入学资格期间经治疗确已康复的学生,可由本人申请,到学校指定医院复查,复查结果符合入学要求的,可随下一年级新生入学。复查不合格或者逾期不办理入学手续者,取消入学资格。

6. 学校对于违反规定入学者是怎样处理的?

对违反国家招生规定入学者,一经查出,立即开除学籍;如果学生已毕业,已发的学历证书、学位证书,学校将予以追回,并报教育行政部门宣布证书无效。

7. 具有正式学籍的学生如何办理注册手续?

每学期开学时,学生必须在规定时间内注册。不能如期注册者,应当办理暂缓注册手续。未按规定缴纳学宿费及有关费用或者其他不符合注册条件的不予注册。未注册的学生不允许选课。家庭经济困难的学生可以通过学生工作处申请国家助学贷款或者其他形式的资助,办理有关手续后予以注册。

8. 课程的分类有哪些?

我校所开课程按照修习要求分为两大类:必修课和选修课。必修课即根据专业教学计划学生必须修读的课程,包括所有专业学生必须修读的公共基础课、学科基础课和专业课。选修课又分为专业选修课和通识教育选修课。专业选修课即根据专业教学计划,按照专业或专业方向而开设的若干门课程。学生必须按照要求选修若干门课程,并取得相应学分。通识教育选修课即学校为完善学生知识结构、拓宽学生知识面、提高学生综合素质所开设的课程。学生须按照规定并结合个人兴趣和基础进行选修,并取得相应学分。

9. 什么是学分制?

学分制是指学校以学生取得的学分数作为计算学生学习量的基本单位,以达到毕业应修课程和学分最低要求,作为学生毕业和获得学位的主要标准的教学管理制度。

10. 学分是如何确定的?

课堂教学每16学时计1学分,每门课程及实践教学环节具体学分数以专业教学计划为准。对于平均每学期所修教学计划内规定不足15学分的学生,学校将给予成绩警示。

11. 什么是创新学分制度?

(1)创新学分制度是学校为培养高素质创新人才、增强学生的创新意识、提高学生的实践能力和创新能力、鼓励大学生积极参加课外科技创新活动而实行的科技创新学分奖励制度。凡在各类科技竞争(如挑战杯、数学建模、电子设计大赛等)、科学研究、发明创造、技术开发、社会调查、发表论文及文学作品等方面取得突出成绩或成果的在校大学生均可申请获得相应的科技创新学分。

(2)每学期初,学生个人或集体取得的科技创新成果一律由个人申报,填写《山东大学(威海)大学生科技创新学分申请表》,并附有关证明材料后经学生所在学院领导确认同意后,填写认定意见,并由学院统一将申报材料上报教务处。创新学分由教务处统一进行审批,并填写审批意见。

(3)学生取得的创新学分,可以冲抵通识教育核心课程中创新创业模块课程或通识教育选修课程学分。

12. 什么是免听课制度?

学校允许学生自修部分课程。学生须在开课两周内申请办理自修手续。申请自修的学生,应按要求参加日常考核和期末考试,以获得相应的成绩评价。思想政治理论课、体育课、军事课、实验课、专业实习和社会实践等必修课程不得申请自修。

13. 我校对学生选课有哪些规定?

学校实行“学生选课自主负责制”。学生选课应在学院指导下按教学计划进行,每学期选修最高不超过 35 学分(含重修课程)。具体要求参见每学期的选课通知。

14. 公共体育课的学习是如何规定的?

学生体育课的成绩由任课教师根据考勤、课内教学和课外锻炼活动的情况综合评定。学校为因健康原因不能参加正常体育课的学生开设“保健体育课程”,学生可本人申请,经校医院证明,体育部批准后,参加学校统一组织的保健体育课学习,保健体育课考核及格者,可以取得体育课的成绩和学分。

15. 关于课程考核有哪些规定?

学生应当参加学校教育教学计划规定的课程和各种教育教学环节(以下统称“课程”)的考核。课程考核成绩由日常成绩和期末考试成绩等组成,具体成绩组成方式由任课教师确定并预先告知学生。考核成绩记入成绩单,并归入本人档案。

学生选课后不参加该课程考核的,该课程成绩记为零分。未办理选课手续不得参加该课程的考核。因学生选错课、上错课、上错班等情况导致成绩无法录入的,其考试成绩不予记载。未经学校批准的课程考试,其成绩无效,不予记载。

除申请自学重修的课程外,学生必须按时上课并完成各教学环节。无故缺课累计达到该门课程 1/3 以上学时者,取消考试资格。

学生因故不能参加期末考试时,应提交相关证明材料申请缓考,经学院分管领导审核同意后,报教务处办理缓考手续。未办理缓考手续而不参加考试的按旷考处理。参加考试但不上交试卷的,按旷考处理。

学生成绩根据学生课程选修情况采取写实性记载，成绩单制作按各类重修课程最高成绩记，但在各项评优活动、推荐免试硕士研究生时，课程成绩按第一次考试成绩进行计算。

16. 关于课程重修有哪些规定？

学生所选教学计划内必修、限选课程考核不合格时必须重修；任选课达到教学计划规定学分时，考核不合格课程可免于重修。重修可采取插班重修和自学重修等方式。

学生对成绩不合格或不理想的课程进行重修时，应办理相关手续。对于成绩不合格或课程绩点低于70分的课程进行重修时，首次重修免费，二次及以上重修时，须按学校相关规定缴费。

17. 平均学分绩点如何计算？

学分绩点依据课程绩点和课程学分计算，在各课程学分绩点基础上计算平均学分绩点(Grade Point Average,GPA)。百分制和五分制计算方法相同。

(1)学分绩点＝课程绩点×课程学分

(2)平均学分绩点＝∑学分绩点/∑课程学分

计算平均学分绩点时，根据四舍五入规则，精确到小数点后两位数。任选课不纳入平均学分绩点计算。

18. 学校对第二学位和第二专业是如何规定的？

第二学位是指同一学生在修读主修专业并获得相应学位的同时，跨学科门类修读第二专业所获得的学位。第二专业是指同一学生在修读主修专业并获得毕业证书的同时，在同一学科门类内修读第二专业并达到毕业要求。

修读第二学位与第二专业的学生应具有山东大学(威海)正式学籍，学有余力，且具有较强的自主学习能力。修读第二学位与第二专业的学生,其修业年限不得超出其主修专业规定的最长修业年限。同一学生在校期间,只允许修读一个第二学位或者第二专业。修读第二学位或第二专业时,需由学生提出申请,由第二学位或第二专业所在学院审核并报教务处批准。

修读第二学位或者第二专业需修读相关专业的必修和限选课程,与主修该专业的学生统一培养方案、统一课程要求、统一考核标准。学生在主修专业修得的课程与学分,与第二学位或第二专业的课程与学分相同或相近时,由第二学位或第二专业所在学院报教务处认定。

学生在获得主修专业学位证书的前提下,修满第二学位规定的课程和学分,经学校审核合格,可获得第二学位的学位证书。第二学位的学位证书单独发放,其学位授予时间可与主修专业学位授予时间相同或不同。

学生在获得主修专业毕业证书的前提下,修满第二专业规定的课程和学分,经学校审核合格,可获得第二专业的毕业证书。第二专业不单独颁发毕业证书,只在主修专业毕业证书上标明第二专业名称。

19. 学校对转学有何规定?

学生如遇特殊情况无法在我校继续学习时可以申请转学。转学须由本人申请,经双方学校同意,由学校报山东省教育行政部门确认后办理相关手续;跨省转学者应由转入地省级教育行政部门与山东省教育厅协商,经审批同意后办理相关手续。

学生有下列情形之一者不得申请转入山东大学(威海)学习:

(1)入学未满一学期的或三年级及以上的。

(2)非教育部所属重点高校的。

(3)招生时确定为定向或者委托培养的。

(4)受所在学校纪律处分的。

(5)无正当理由的。

20. 学校对转专业是如何规定的?

学校允许一年级的学生在统一安排的时间内按学校有关规定自愿申请转专业。转专业主要根据学生前两个学期的成绩计算排名,按照学生“专业(类)排名比例”[学生在本专业(类)的平均学分绩点排名(由高到低)名次除以该专业(类)总人数得出的数值]由小到大进行排序,如学生专业(类)排名比例相同,则按照其平均学分绩点由高到低排序,并根据平行志愿投档(先按照学生的第一志愿专业投档,如第一志愿专业录取人数未满,则该生被第一志愿专业录取,系统进行下一名学生的投档;如第一志愿专业录取人数已满,则按照其第二志愿专业进行投档,如第二志愿专业录取人数未满,则该生被第二志愿专业录取,系统进行下一名学生的投档;如第二志愿专业录取人数已满,则该生被淘汰,系统进行下一名学生的投档)的方式按照各专业接收计划等额确定各专业面试名单。

如接收专业不需要面试,则直接确定拟录取名单;需要进行面试的专业,接收学院应成立面试小组,负责组织学生面试工作,确定拟录取名单。

转专业后,学生已修读课程学分符合转入专业要求的,按照相关规定进行课程置换,无法进行置换的课程学分计入相应类别任选课学分。

21. 转专业的程序有哪些?

每年夏季学期初,由各学院提出接收专业、名额和要求,并报学校教务处。经教务处审核确认后向学生公布。

学生转专业前须对拟转入专业进行全面了解,慎重提出转专业申请。转专业学生须填写《山东大学(威海)在校本科生转专业申请表》,每名学生最多可以填报两个志愿,经所在学院审核、签章、汇总信息后，以学院为单位报送至学校教务处。

教务处汇总全部报名信息后，按照相关规定确定各专业面试名单。如接收专业不需要面试，则直接确定拟录取名单；需要进行面试的专业，面试后确定拟录取名单。名单报学校教务处审批，经公示后，按照学校要求及时办理转专业手续，不办手续者视为自动放弃转专业资格。凡已办理转专业手续的学生不得再转回原专业或其他专业。

22. 转专业后的学籍管理和教学安排有哪些规定？

学生办理转业手续后，其学籍、档案和管理由接收学院负责。学生已修读课程学分符合转入专业要求的，按照相关规定进行课程置换，无法进行置换的课程学分计入相应类别任选课学分。对转入学生个别未修的专业基础课程，有条件的学院应为其单独开班补习，没有条件单独开班，由学生自主补习。

23. 学校对学生休学方面的规定有哪些？

学生申请休学或者学校认为应当休学者，由教务处批准，可以休学。休学次数最多不超过两次，一次休学期限最长不超过一年。

学生应征参加中国人民解放军（含中国人民武装警察部队），学校为其保留学籍至退役后一年。

休学学生应当办理休学手续后离校，学校保留其学籍。学生休学期间，不享受在校学生待遇。休学学生患病，其医疗费用按照学校有关规定处理。

学生休学期满，学生应于学期开学前向所在学院提出复学申请，经学校复查合格后方可办理复学手续。

24. 学生退学的条件有哪些？

学生有下列情形之一者，应予退学：

(1)在学校规定年限内,未完成学业的。

(2)休学期满,在学校规定期限内未提出复学申请或者申请复学经复查不合格的。

(3)经学校指定医院诊断,患有疾病或者意外伤残无法继续在校学习的。

(4)未请假离校连续两周未参加学校规定的教学活动的。

(5)超过学校规定期限未注册而又无正当事由的。

(6)本人申请退学的。

25. 学校对退学学生处理有哪些规定?

对学生的退学处理,由学校党政联席会研究决定。对退学的学生,由学校出具退学决定书并送交本人,同时报山东省教育厅备案。退学的学生,按学校规定期限办理退学手续离校,档案、户口退回其家庭户籍所在地。

26. 学生获得学历证书和学位证书的条件有哪些?

学生在学校规定的修业年限内修完专业教学计划规定的内容,获得规定的学分,学校准予其毕业并颁发毕业证书。学生已选修专业培养方案规定的全部内容,但在学校允许的最长修业年限内学分未达到毕业要求的,经学校审核后作永久结业处理,发给结业证书。学生学满一学年以上,但未完成专业培养方案规定的内容而退学的,经学校审核后颁发肄业证书。

符合毕业条件且百分制平均学分绩点达到70分及以上,符合《中华人民共和国学位条例》的要求,无重大学术违纪,经学校学位评定委员会审核同意,授予学士学位。

27. 在标准学制年限内(不含休学时间),未修满专业教学计划规定的学分时应怎么办?

在标准学制年限内(不含休学时间),未取得专业教学计划规定学分,且未达到退学条件者,可延长就读时间,但不得超过允许修业年限(即标准学制+2,不含因病休学时间)。

(1)所缺学分在1～10学分的学生必须离校,可在允许修业年限内返校交费重修。离校延期的学生不享受在校学生的一切待遇。

(2)所缺学分在20学分以上的学生,必须在校延期修读并交纳学费。

(3)所缺学分在11～19学分的学生可选择在校或离校延期,并按相关要求交费。

28. 学历证书遗失如何处理?

毕业证书遗失或损坏时,学生可向教务处提出补办申请,经教务处审核并报教育主管部门批准,办理毕业证明书。结业证书、肄业证书、学位证书遗失或者损坏时不予补发,可经本人申请,经校史档案室审核后出具证明。

29. 学校对在校学生出国学习有哪些规定?

在校学生因私出国的,须申请退学,学校为其保留学籍一年;一年内返回学校学习的恢复其学籍。出国学习的学生,在办理完退学手续后,方可到有关部门办理申请出境手续。如果出国前在学校申请了国家助学贷款的,须将已经发放的助学贷款全部偿还完毕后方可办理申请出境手续。在校学生公派出国学习按照学校有关规定办理。

30. 学生证、乘车优惠卡和校徽的管理有哪些规定？

(1)学生证是学生在校期间的身份证件，乘车优惠卡用于学生购买往返学校和居住地之间的火车票时享受优惠，校徽是我校的标记，学生证、乘车优惠卡和校徽均在新生入学后发给学生。

(2)学生证由教务处在新生入学时统一组织制作。学生在填写学生证内“乘车区间”一栏的火车站名时，应填写离家最近且最方便的火车站。学生证内容不得随意涂改，如需变更应持有关单位证明，报教务处批准后办理。

(3)学生乘车优惠卡须贴于学生证上，乘车优惠次数于每学年报到注册后在规定时间内进行充值。

(4)学生每学期报到时，由本人持学生证到所属学院办理注册手续。未办理注册手续者，学生证不再继续有效。

(5)丢失学生证、乘车优惠卡和校徽的学生，由本人通过学校本科生证卡补办系统在规定时间内申请补办。

(6)学校每学期为学生开展两次补办证卡工作，其他时间不予办理。

31. 学生的考试资格是怎样认定的？

未办理选课手续不得参加相关课程的考核。除申请自学重修的课程外，学生必须按时上课并完成各教学环节。无故缺课累计达到该门课程1/3以上学时者，取消考试资格。

在课程结束时，由任课教师根据学生平时完成作业及出勤情况，认定是否能够参加该门课程的考试或考查。

第三章　表彰奖励

32. 我校学生奖励主要有哪些文件规定？

我校学生奖励文件主要有：《山东大学（威海）本科生奖学金管理办法》《山东大学（威海）"先进班集体"创建活动实施方案》《山东大学（威海）优秀团支部评选办法》《山东大学（威海）优秀共青团员评选办法》《山东大学（威海）优秀学生干部评选办法》《关于组织我校学生参加全国大学生"数学建模""电子设计"竞赛活动的实施意见》《关于组织我校学生参加全国大学生"挑战杯"竞赛活动的实施意见》等。

33. 先进班集体的评选范围是什么？

全日制本科生班集体（不含当年的大一年级）。

34. 先进班集体的评选条件是什么？

（1）有政治坚定、积极进取、品德优良、作风扎实、勇于创新、以身作则、团结同学、凝聚力强的班级领导核心。班委成员团结带领全班同学积极开展思想教育和主题教育，能根据学校及学院安排，有计划、有组织地学习政治理论、党团知识、党和国家的方针政策以及学校规定的有关内容。

（2）班级机构健全，班委工作认真负责，能定期召开班委会讨论和研究班级工作。班委会、团支部、党支部(党小组)团结协作，能根据本班的实际情况，制定出高效务实的班级建设方案。

(3)有积极向上、团结协作、遵纪守法、热爱集体、朝气蓬勃、文明健康的优良班风。班级成员思想健康、积极向上，入党申请书递交率高；自觉遵守宪法、法律和《高等学校学生行为准则》，严格遵守校规校纪，法制观念强。本年度内没有违法行为，没有发生重大纪律问题、安全事故，班级成员无受纪律处分；保持良好的宿舍卫生和个人生活习惯，无卫生不合格宿舍。

(4)有勤奋、严谨、求实、创新的优良学风。班级成员学习态度端正，专业思想稳定，学习成绩良好，积极参加科研创新和学术科技活动。当年度内班级成员无因学业不合格而受成绩警示、留级、退学等现象。

(5)班级文体活动开展主题鲜明，时代感强，有针对性，内容丰富，形式新颖，效果显著。积极参加国家、省市、学校、学院举办的各种文体、科技类竞赛活动及各种社会实践、公益活动；积极开展体育锻炼活动，全体成员均达到《国家体育锻炼标准》。

(6)班级事迹及工作档案材料齐全，班级工作特色突出。

35. 先进班集体的评选时间是如何规定的？

先进班集体于每自然年度评选一次，每年春季学期前两周内开始评选。

36. 先进班集体的评选比例是什么？

先进班集体推荐班级总数不超过创建班级总数的10%。

37. 先进班集体的评选程序是如何规定的？

各学院成立评审小组[由学院负责学生工作书记(副书记)任组长，学院学生工作干部为成员]，评审小组采取定量与定性相结合的考核方式对参评班级工作进行评审，民主产生候选对象(最终被推选为校级先进班集体的标准为:班级定量考核“达标”且定性考核“达标”)，并对候选对象进行审核、公示，无异议后报送学生工作部审核。

(1)定量考核办法

评审小组对参评班级递交入党申请书率、宿舍卫生优秀率、综合奖学金获奖率、受学籍处理人数、受纪律处分人数、体育达标通过率6项指标进行定量考核，6项指标均达到达标标准的定为定量考核“达标”(见下表)。

定量考核指标	达标标准
递交入党申请书率	≥80%
宿舍卫生优秀率	≥20%
综合奖学金获奖率	≥30%
受学籍处理人数	≤1
受纪律处分人数	0
体育达标通过率	100%

指标说明:

①递交入党申请书率系指参评年度内班级成员已递交入党申请书成员数与班级成员数的比率。

②宿舍卫生优秀率系指参评年度内班级成员所在宿舍卫生成绩优秀(≥85分)个数与全体宿舍数的比率。

③综合奖学金获奖率系指参评年度内班级成员获得综合奖学金的人数与班级成员数的比率(综合奖学金含校长奖学金、优秀学生奖学金、国家奖学金、国家励志奖学金、社会奖学金)。

④受学籍处理系指参评年度内班级成员受到学校成绩警告、

留级、退学处理（不含主动退学、因病退学）。

⑤受纪律处分系指参评年度内班级成员受到学校纪律处分（含警告、严重警告、记过、留校察看、开除学籍）。

⑥体育达标通过率系指参评年度内班级体育达标人数与班级成员数的比率。

（2）定性考核办法

评审小组通过审查参评班级工作总结、组织参评班级答辩会等形式，结合参评班级提交的《山东大学（威海）先进班集体登记表》，从班级党团班组织建设、思想政治教育、班风学风建设、班级活动开展、班级管理、班级特色建设等方面对参评班级工作进行定性考核，综合评议给出参评班级工作定性考核“达标”或“不达标”。

38. 先进班集体的表彰是如何规定的？

学生工作处对学院推荐的“先进班集体”进行审核，公示无异议并报学校审批，确定最终评选结果，并在全校范围内宣传“先进班集体”的先进事迹。学校对获评“先进班集体”的班级进行表彰奖励，授予“先进班集体”称号，颁发荣誉证书及奖金。

39. 优秀团支部的评选范围是什么？

我校国家正式计划录取的全日制学生组成的团支部。

40. 优秀团支部的评选条件是什么？

（1）有政治坚定、以身作则、团结同学、认真负责的团支部领导核心。

（2）有积极向上、乐于助人、遵纪守法、热爱集体、朝气蓬勃、文明健康的优良风气。积极开展道德实践和文明修身活动，年内无团纪或校纪处分记录。

（3）有勤奋、严谨、求实、创新的优良学风。年内无因学业不合格而留级的现象，班级不及格率在同年级较低。

(4)团支部活动丰富多彩，善于创新，效果突出。

(5)保持良好的宿舍卫生和个人生活习惯，无卫生不合格宿舍。

(6)积极参加青年志愿者、社会实践和科技文化活动，并取得较好成绩。

(7)崇尚科学，反对邪教，坚决与法轮功等邪教组织作斗争。

(8)团支部事迹及工作档案材料齐全。

41. 优秀团支部的评选时间是如何规定的？

优秀团支部于每学年度评选一次，于每年9月份评选。

42. 优秀团支部的评选比例是如何规定的？

优秀团支部评选数量不高于在校团支部数的10%。

43. 优秀团支部的评选程序是如何规定的？

(1)由学院团总支组织各团支部对一年来的工作进行认真总结、交流。

(2)学院团总支召开扩大会议，根据评选条件和比例，民主产生候选对象。

(3)学院党总支对学院的优秀团支部候选对象进行审核，经确定后由团总支将初选结果和有关材料报校团委审核批准。

44. 优秀团支部的表彰是如何规定的？

评出的校级优秀团支部由校团委、学生处进行表彰。在优秀团员的评比中，凡获得优秀团支部的，其优秀团员名额在5%的基础上上浮4%，学校奖励500元的活动经费，其他团支部一律按5%的比例推选。省级和国家级优秀团支部在校级优秀团支部择优推选产生。获得校级“优秀团支部”的团支部书记在满足学院学生干部考核基本要求的前提下，当学年工作考核为“优”。

45. 我校学生奖励有哪些？

(1)奖学金。包括综合奖学金和单项奖学金。综合奖一般包括校长奖学金、国家奖学金、国家励志奖学金、优秀学生奖学金、社会奖学金等；单项奖包括学习优秀奖学金、研究与创新奖学金、社会实践奖学金、社会工作奖学金、文体活动奖学金、海外经历项目专项校长奖学金、第二校园奖学金等。

(2)荣誉称号。包括“十佳百优”优秀本科生，“自强之星”，校、院级三好学生，校、院级优秀学生干部，优秀共青团员和优秀共产党员。

46. 什么是校长奖学金？

学校授予在校学生的最高荣誉，用于奖励具有优秀的道德品质和人格修养、出众的学业成绩和科研水平、健康的身体素质和心理素质，综合素质最为优秀的学生，校长奖学金获得者同时授予山东大学“全面发展标兵”荣誉称号，并当选威海校区“十佳大学生”。奖励标准为1万元/人，每学年评选一次。

47. 什么是国家奖学金？

国家奖学金由中央政府出资设立，用于奖励在德、智、体、美等方面全面发展，综合素质特别优秀的学生。奖励标准为8000元/人，每学年评选一次。

48. 什么是国家励志奖学金？

国家励志奖学金由中央政府出资设立，用于奖励资助在德、智、体、美等方面全面发展，品学兼优的家庭经济困难学生。奖励标准为5000元/人，每学年评选一次。

49. 什么是优秀学生奖学金？

用于奖励品学兼优、综合素质全面发展的学生，按照学年学生综合素质测评成绩排列顺序确定，每学年评选一次。

该奖项分三个等级：

一等奖学金 3000 元/(人·年)，评奖名额按参评学生数的5%确定；

二等奖学金 2000 元/(人·年)，评奖名额按参评学生数的10%确定；

三等奖学金 1000 元/(人·年)，评奖名额按参评学生数的15%确定。

50. 校院级三好学生是如何评定的？

获一等奖学金、基础性素质成绩为"优"者，授予"校级三好学生"称号；获二等奖学金、基础性素质成绩为"优"者，授予"院级三好学生"称号。

51. 什么是社会奖学金？

用于奖励品学兼优的学生。由社会各界、企事业单位及个人设立，奖励标准和名额由学校与设奖单位及个人协商确定。

52. 参加各类奖学金评选的基本条件有哪些？

参加各类奖学金评选的学生必须首先具备以下基本条件：

(1)热爱社会主义祖国，拥护中国共产党的领导。

(2)品行端正，诚实守信，学年基础性素质成绩"良"以上。

(3)学习勤奋，成绩优良，当学年必修课、限选课(包括出于各种原因进行重修的必修课程)无不及格现象。

(4)自觉遵守国家法律，遵守各项校纪校规，没有违纪违法行为。

(5)积极参加体育锻炼,身体素质良好,达到“学生体质健康标准”。

(6)及时足额交纳学宿费。

(7)学生当学年参加志愿服务不少于40学时。

53. 学生参加综合类奖学金评选的具体条件有哪些?

在满足基本条件基础上,参加评选综合奖学金的学生应为二年级以上(含二年级),并相应符合下列具体条件:

(1)校长奖学金评选条件

①学习成绩特别优秀,历学年均获一等奖学金或历学年综合素质测评成绩总分排名第一。

②创新能力突出,创新成果显著。

③积极参加社会实践和社会公益活动,表现突出。

(2)国家奖学金评选条件

①在校期间学习成绩优异,当学年学习成绩处于专业(班级)前5%。

②在当学年综合素质测评中,基础性素质成绩为“优”。

③社会实践、创新能力、综合素质突出。

(3)国家励志奖学金评选条件

①学习刻苦,成绩优异,当学年学习成绩处于专业(班级)前30%。

②家庭经济困难,生活俭朴。

(4)优秀学生奖学金评选条件

学习成绩排名须在年级(专业或班级)前50%。

(5)社会奖学金评选条件

需符合设奖单位提出的各项评选要求。

54. **单项奖学金评选的具体条件有哪些?**

在满足基本条件基础上,参加评选单项奖学金的学生应为二年级以上(含二年级)(另作说明除外),并相应符合下列具体条件。

(1)学习优秀奖学金评选条件

当学年学习成绩特别优异,学习成绩排名在本年级(专业或班级)前2%且未获优秀学生奖学金。

(2)研究与创新奖学金评选条件

参评该项奖学金须符合以下条件之一:

①参加国际、国家部委及国内外权威机构组织的、经过学校认定的正式竞赛获一、二等奖(如:全国"挑战杯"大学生课外学术科技作品竞赛、全国"创业计划竞赛"、全国大学生数学建模竞赛、全国大学生电子设计竞赛、全国大学生智能汽车竞赛、全国高等医学院校临床基本技能知识竞赛、全国大学生节能减排社会实践与科技竞赛、全国高校"创意、创新、创业"电子商务挑战赛、全国大学生工程训练综合技能竞赛、全国大学生机械创新设计大赛等,其他高层次竞赛由申报者提出申请,学校认定);在由省级单位组织的相关竞赛中获二等奖以上(含二等奖)奖励,均须持有获奖证明。

②论文被SCI、EI、ISTP及SSCI、CSSCI收录;有专著出版的第一、二作者。

③积极参与科研活动,成果获省、部级以上奖励或获得国家专利(须通过专家鉴定)。

(3)社会实践奖学金评选条件

须在社会实践中有重大贡献或有较高水平的社会实践成果。

(4)社会工作奖学金评选条件

须在社会工作中成绩特别突出。

(5)文体活动奖学金评选条件

须在由省级以上单位组织的文化、艺术类素质竞赛、体育比赛

（邀请赛除外）或演讲、辩论、文学、美术、书法、摄影等比赛活动中成绩优异；或在各项体育比赛中破省级以上纪录（高水平运动员除外）。

（6）海外经历项目专项校长奖学金评选条件

全日制在校本科生二、三年级学生，须有海外学习经历（在外学习期限至少一个学期），且在外出学习期间热爱祖国，遵守宪法和法律，遵守学校的各项规章制度，遵守外事纪律，自觉维护学校形象且学习成绩优异，各方面表现突出。

（7）第二校园奖学金评选条件

须有第二校园访学经历，且在访学过程中，能自觉遵守山东大学和第二校园的规章制度，积极融入班集体生活，具有强烈的学校荣誉感，切实维护所在学校形象，学习成绩优异，无不及格课程，身心健康，各方面表现突出，没有中途返校、提前返校现象。

55. 优秀学生奖学金的评比原则是如何规定的？

优秀学生奖学金奖励用于奖励品学兼优，综合素质全面发展的学生，按照学年学生综合素质测评成绩排列顺序确定。每学年评定一次，一般于新学年开始一个月内进行。

优秀学生奖学金的评比本着育人为本、德育为先的原则，坚持学习思考与修养并重、知识能力与素质统一，采用定量与定性、纪实与评议相结合的方式进行。

56. 优秀学生奖学金的评比办法是如何规定的？

我校目前采取定量与定性、纪实与评价相结合的办法对学生的素质发展水平进行测评，即综合素质测评。综合素质测评为学习成绩、基础性素质测评和发展性素质测评三个方面。学习成绩为教务处计算出的平均学分绩点成绩；基础性素质主要包括思想道德素质、身体素质、心理素质、日常行为规范等测评指标；发展性素质是学生在学校教育过程中形成的体现创造性、实践性和拓展性的素质。综合素质测评办法是对学生进行综合评定的指导性办法。具体操作时,各学院可根据不同专业、不同年级的实际情况进行适当调整。

57. 学生奖学金的评选原则有哪些规定?

为确保评选结果的公开、公平、公正,所有评选工作遵循自下而上、民主评选的原则,严格执行三级评审[年级(专业或班级)学生民主评议、学院确定拟获奖名单、学校确定获奖人选]、两级公示(学院3天,学校5天)制度。公示无异议后确定奖励对象。

58. 学生奖学金的评选程序有哪些规定?

(1)学生申报。学生本人提出申请,经年级(专业或班级)民主评议后,报学院。

(2)学院审核。学院按照通知要求,严格审核,确定本学院拟推荐名单。公示无异议,报送学生工作处。

(3)学校评审。学生工作处对学院推荐名单予以审核,必要时组织候选人进行面试答辩或公开竞选。

(4)确定人选。学校对拟获奖人选进行公示,无异议后报学校主管校领导批准,最终确定获奖名单。

59. 奖学金的奖励和表彰有哪些规定?

(1)奖学金兼有精神激励和物质鼓励的双重奖励性质。奖学金采取一次性发放和项目资助发放两种形式,由学校发放至学生交费银行卡。

对于获奖学生,学校还可通过颁发荣誉证书、进行公开表彰和宣传、将获奖情况记入本人档案等形式给予精神激励。

(2)社会奖学金的表彰奖励形式学校需与设奖单位及个人协

商决定。

(3)对于为国家、社会、学校作出特殊贡献或赢得荣誉的集体或个人,学校可根据实际情况给予表彰奖励。

(4)为扩大奖学金的覆盖面,原则上,各类综合奖学金不可兼得,综合奖学金与单项奖学金(海外经历项目专项校长奖学金与第二校园奖学金除外)不可兼得,各项单项奖学金可以兼得。特殊情况下,若一名学生因设奖条件限制获得多项综合奖学金时,荣誉可以兼得,奖金不可兼得,学生只能领取奖金额度最高的一项奖学金。

60. 在什么情况下,学生无资格参评学年内各类奖学金?

凡学年内有下列情况之一者,均无资格参评各类奖学金:

(1)违反校规校纪受到警告以上处分者(含警告)。

(2)在综合素质测评中“基础性素质”被评为“中”“差”者。

(3)未达到“学生体质健康标准”者。

(4)当学年必修课、限选课有不及格者。

(5)当学年未足额交纳学费者。

(6)当学年志愿服务未满 40 学时者。

61. 优秀团员的评选范围是什么?

我校国家正式计划录取的全日制在校共青团员。

62. 优秀团员的评选条件是什么?

(1)具有坚定正确的政治方向,热爱社会主义祖国,拥护共产党的领导,认真学习中国化马克思主义理论,自觉维护社会、学校的安定团结。

(2)遵守国家法律,遵守学校的各项规章制度,年内未受任何纪律处分。

(3)品行端正,尊敬师长,团结同学,助人为乐,在同学中有较高威信。

(4)积极参加校园科技文化活动,具有较强的创新意识,在团的组织和宣传教育活动中发挥重要作用。

(5)崇尚科学,反对邪教,敢于同不良行为作斗争。

(6)刻苦学习,综合测评名次列在班级前50%以内,年内无不及格现象。

(7)积极参加集体活动,具有较强的集体荣誉感,模范作用强。

(8)积极参加社会实践和青年志愿者活动。

(9)在国家或省里举办的科技、文化、体育等竞赛中获奖的团员,符合上述条件的可以单独授予。

63.优秀团员的评选时间是如何规定的?

优秀共青团员每学年评选一次,于每年9月份进行评选。

64.优秀团员的评选比例是如何规定的?

(1)优秀共青团员以团支部为单位,按团员人数5%的比例进行评选。

(2)获得优秀团支部的优秀共青团员的名额可上浮4%。

(3)校团委、校学生会、研究生会、学生社团优秀共青团员名额单列。

65.优秀团员的评选程序是如何规定的?

(1)各团支部在所在学院团总支的指导下,根据评选条件,经团员民主评议,确定初选名单。

(2)团支部将优秀共青团员初选名单报团总支,经团总支审核后,在全学院进行公示。

(3)团总支将公示后的优秀共青团员名单及材料报校团委审核批准。

66. 优秀团员的表彰是如何规定的？

评出的优秀共青团员填写优秀共青团员登记表，存入本人档案，由校团委在10月份进行表彰奖励。省级优秀共青团员的推选从校级优秀共青团员中择优产生。

67. 优秀学生干部的评选范围是什么？

学生干部包括校、院级学生会及社团联合会干部，学生公寓管理委员会、学生心理委员工作站干部，学生党建工作督查组、党支部成员、党小组组长、副组长，学生社团主要负责人，班委会、团支部成员和宿舍长等。

68. 优秀学生干部的评选条件是什么？

(1)具有坚定的政治方向，热爱社会主义祖国，拥护共产党的领导，认真学习邓小平理论、“三个代表”重要思想和科学发展观，拥护并模范执行党的各项方针政策，自觉维护社会和学校的安定团结。

(2)遵守国家法律，遵守学校的各项规章制度，品行端正，学年内无纪律处分。年度内综合素质测评中，基础性素质成绩为优秀。

(3)团队意识强，有较强的集体荣誉感，顾全大局、团结同学、助人为乐，能够带动同学积极参加学校、学院和班级的活动。

(4)学习刻苦，成绩优良。专业成绩要求在专业(班级)前50%以内，学年内无不及格现象。

(5)工作作风严谨，业绩突出。公道正派，有较强的事业心和责任感，热心为同学服务，在同学中威信高。

69. 优秀学生干部的评选时间是如何规定的？

优秀学生干部每学年度评选一次，于每年9月份进行评选。

70. 优秀学生干部的评选比例是如何规定的?

优秀学生干部分为校、院两级。校级优秀学生干部按在学院学生总人数的2%评选;各学院参照本办法按在学院学生总人数的3%的比例评选院级优秀学生干部。校团委、校学生会、社团联合会干部、学生公寓管理委员会、学生心理委员工作站、学生党建工作督查组等优秀学生干部名额单列。

71. 优秀学生干部的评选程序是如何规定的?

(1)各学院确定的优秀学生干部人选,要在班级民主评议的基础上,由辅导员召集班委、团支部成员会议,提出初步人选。校级优秀学生干部经所在学院党总支同意,公示后无异议者,报学生工作部(处)审核批准;院级优秀学生干部由所在学院党总支审批,报学生工作部(处)备案。

(2)名额单列的优秀学生干部人选,要在民主推荐的基础上,经组织所在单位同意,公示后无异议者,报学生工作部(处)备案。

72. 优秀学生干部的表彰是如何规定的?

校级优秀学生干部由学校予以表彰,每人颁发1000元奖学金;院级优秀学生干部由所在学院予以表彰。

73. 进行"十佳百优"优秀本科生评选的目的和意义是什么?

为了充分发挥优秀学生的典型示范作用,培养和树立大学生先进典型,促进我校校风学风建设,教育引导广大青年学生进一步坚定理想信念,刻苦学习,发奋成才。

74.“十佳百优”优秀本科生评选的范围、名额是如何规定的?

(1)评选范围

我校大二、大三、大四年级具有正式学籍的本科生。

(2)评选名额

“十佳大学生”10名,“十佳大学生”提名20名,“百优大学生”70名。

75.“十佳大学生”评选的条件是什么?

(1)学习成绩特别优秀,历学年均获一等奖学金或综合素质测评成绩总分排名列班级(或专业)第一。

(2)创新能力突出,创新成果显著。

(3)积极参加社会实践和社会公益活动,表现突出。

(4)获得过省级以上荣誉称号或有海外经历者优先。

(5)大二、大三、人四年级学生均可参评。

76.“百优大学生”评选的条件是什么?

(1)学习刻苦,成绩优秀,曾获得一等奖学金并被评为校级三好学生;在当年度综合素质测评中综合成绩排名列班级(或专业)前10%,基础性素质测评成绩为“优”。

(2)创新能力突出,创新成果显著。

(3)积极参加社会实践和社会公益活动,表现突出。

(4)获得过省级以上荣誉称号或有海外经历者优先。

(5)获得过国家级荣誉的学生满足当年奖学金评选基本条件也可申报。

(6)大二、大三年级学生可参评。

77.“十佳百优”优秀本科生评选的程序是什么?

(1)学生个人根据评选条件向所在学院申报先进事迹材料。

(2)学院根据评选条件进行广泛的组织发动,按照分配名额确定学院“十佳百优”优秀本科生推荐评选对象并上报材料。

(3)学校对30名“十佳大学生”提名候选人进行广泛宣传,在全校范围内组织学生进行广泛投票并召开评选大会。

(4)校评选小组根据候选人先进事迹和学生投票情况,评选出10名“十佳大学生”人选。其余20名同学成为“十佳大学生”提名奖人选。

(5)“百优大学生”人选按照学院推报结果确定。

(6)经公示无异议后进行表彰奖励。

78.“十佳百优”优秀本科生的表彰奖励是如何规定的?

(1)学校将对获奖者分别授予“山东大学(威海)十佳大学生”“山东大学(威海)十佳大学生提名奖”“山东大学(威海)百优大学生”荣誉称号。

(2)“山东大学(威海)十佳大学生”同时获得山东大学校长奖学金,每人奖励1万元。

(3)“山东大学(威海)十佳大学生提名奖”获得者每人奖励2000元。

(4)“山东大学(威海)百优大学生”获得者每人奖励1000元。

(5)“十佳百优”优秀本科生奖学金可以与其他各类奖学金兼得。

79.进行自强之星评选的目的和意义是什么?

为充分发挥优秀学生的典型示范作用,培养和树立大学生先进典型,促进我校校风学风建设,教育、引导广大青年学生进一步坚定理想信念,刻苦学习,自立自强,奋发成才,学校每年组织评选年度自强之星。

80. 自强之星的评选范围、条件是如何规定的？

(1)评选范围

家庭经济困难或身处逆境但却自强不息、乐观坚强、永不言弃的具有我校正式学籍的本科生、研究生。

(2)自强之星评选条件

①政治思想素质好，为人正直，积极进取，乐观向上。

②勤俭节约，诚实可信，遵纪守法，热心公益，品行端正。

③学习态度端正，学业成绩优良。

④勇于克服在经济上或其他方面面临的困难，自立自强，表现出顽强的毅力，具有拼搏进取精神，事迹突出。

81. 自强之星的评选程序有哪些？

全校共评选 100 名。其中，校级自强之星 10 名，提名 10 名；院级自强之星 80 名。

(1)院级自强之星

①各学院通过海报、电子屏、学院网站等形式进行广泛的宣传发动，组织学生参加。

②个人申请：按照要求填写《山东大学(威海)“自强之星”推荐审批表》向学院提交申请。

③学院评选：学院通过一定的方式和程序评选出院级自强之星并从中择优推介产生校级“自强之星”候选人(推荐人数不超过院级自强之星的 40%)，经公示后报学生工作处。

(2)校级自强之星

①校级组委会根据学院推荐的候选人进行初评，确定 20 名同学作为校级“自强之星”提名候选人并进行公示。

②学校通过网站、宣传栏等形式对候选人的相关事迹进行宣

传,同时在网站和微信平台开通设立网络投票区,组织全体学生进行投票。

③召开学生代表大会,候选人以演讲等方式进行自我介绍,评选小组及学生代表现场对候选人进行投票。

④校评选小组根据候选人先进事迹和活动现场投票情况,评选出山东大学(威海)“自强之星”人选,并公示。

82. 自强之星的表彰奖励是如何规定的?

“山东大学(威海)自强之星”获得者10名,每人可获得荣誉证书和3000元奖学金;“山东大学(威海)自强之星”提名奖获得者10名,每人可获得荣誉证书和2000元奖学金;院级“自强之星”获得者80名,每人可获得荣誉证书和1000元奖学金。

83. 优秀毕业生的评选范围、比例是如何规定的?

(1)评选范围:国家计划内招收的应届毕业生。

(2)评选比例:优秀毕业生的荣誉称号分为校级和省级,其中校级优秀毕业生的评选比例不超过应届毕业生人数的10%,省级优秀毕业生的评选比例不超过应届毕业生人数的5%。省级优秀毕业生从校级优秀毕业生中评选产生。

84. 优秀毕业生的评选条件是什么?

(1)热爱祖国,具有坚定正确的政治方向,坚持党的基本路线,认真学习马克思列宁主义、毛泽东思想、邓小平理论和“三个代表”重要思想,认真学习实践科学发展观和习近平总书记系列重要讲话精神,践行社会主义核心价值观。

(2)遵守国家法律和校纪校规,有良好的思想品德修养,在校期间未受过任何纪律处分。

(3)学习认真刻苦,理论基础扎实,成绩突出,在历年思想品德评定和综合测评中成绩优秀，无不及格现象。

(4)尊敬师长，团结同学，热心为师生服务，积极参加社会实践活动和公益活动，身心健康，有良好的思想品德修养。

(5)在校期间获得校级(含校级)以上“三好学生”“优秀学生干部”“优秀共青团员”“优秀团干部”等称号，获得校一、二等奖学金或其他相当奖项的，有突出的获奖成果或优秀论文的，在重大活动中为学校争得荣誉的，要求取得以上称号或荣誉至少一项。

(6)山东省特困家庭高校毕业生同等条件下可优先推荐。

85. 优秀毕业生的评选办法、审批程序有哪些规定？

(1)各学院根据优秀毕业生的评选条件，在综合测评和民主评议的基础上，按照公开、公正的原则，在规定的比例范围内确定初选人员。

(2)为确保优秀毕业生评选工作的公正合理，各学院要将初选名单张榜公示，广泛听取意见，接受监督。对不按规定程序评选、弄虚作假的，取消评选名额，并追究有关人员的责任。

(3)优秀毕业生初选人员确定后，各学院要认真组织填写“优秀毕业生评审表”。

(4)优秀毕业生评审时间定于每年3月份。

86. 优秀毕业生的表彰奖励是如何规定的？

经审核批准的省级优秀毕业生，颁发山东省人力资源和社会保障厅印制的优秀毕业生证书，并通过山东人事信息网公布；经审核批准的校级优秀毕业生，颁发山东大学(威海)印制的优秀毕业生证书，并通过山东大学(威海)就业信息网公布。

87. 对参加全国大学生“挑战杯”竞赛活动的表彰奖励有哪些规定？

对在全国竞赛中获特等、一等、二等、三等奖的学生，学生按参赛项目的获奖等级分别给予5000元、3000元、2000元、1000元的奖金，授予“山东大学（威海）学生科技创新活动标兵”荣誉称号；获得二等奖以上（含二等奖）的本科生（第一作者），在符合保送的基本条件下，可直接保送研究生；对在全省竞赛中获特等、一等、二等、三等奖的学生，学校按参赛项目的奖项等级分别给予1000元、500元、400元、300元的奖金，授予“山东大学（威海）学生科技创新活动先进个人”荣誉称号；对在全校竞赛中获特等奖、一等奖的学生，学校按参赛项目的获奖等级分别给予300元、200元的奖金。以上参赛者获奖情况将在学生就业、综合素质测评及各项评优中作为重要参考。

88. 对参加全国大学生数学建模竞赛、电子竞赛活动的表彰奖励有哪些规定？

学校对竞赛中成绩优秀，为学校争得荣誉的参赛队员及组织单位实行奖励制度，其标准为：

(1)组织单位奖励

获国家级最高奖3000元/队，次高奖2000元/队，第三高奖1000元/队；获省级最高奖1000元/队(仅限于学校规定的本科生推荐免试研究生计划单列竞赛项目，下同)。

组织单位所获奖金划拨到竞赛负责人名下，由单位自由支配。如组织工作特别突出，竞赛成绩有重大突破，学校将适当追加奖励。

(2)指导教师奖励

获奖项目指导教师按学校相关规定计算教研业绩。

(3)参赛学生奖励

①获奖项目按学校相关规定计算创新学分。

②部分获奖学生按学校相关规定享有推荐免试研究生的资格。

③获国家级最高奖 5000 元/队，次高奖 3000/队，第三高奖 2000 元/队；获省级最高奖 1000 元/队。

(4)其他

①不设奖项只计名次的比赛，第一名为最高奖，第二、三名为次高奖，第四、五、六名为第三高奖。

②同一项目同时获多项奖励，只按最高级别予以认定，不重复计算。

③上述奖金标准均指团队项目，个人项目减半。

第四章　素质拓展

89. 山东大学的人才培养标准是什么？

学校的人才培养目标是致力于培养民族和社会的中坚。主要体现在两个方面：一是竞争力和创造力的培养，核心是由社会来检验我们所培养的人才是不是在社会竞争中能够生存、创造和发展。二是个性和人格的健全发展。我们把人才培养的目标表述为：高度的社会责任心和国际视野；过硬的社会竞争力和创造力；个性和人格的健全发展。我们培养的人才不仅要全面发展，而且还要个性发展，要有社会责任心、国际化视野、竞争力和创造力。

90. 学校为拓展学生的素质采取了哪些措施？

为了提高学生的综合素质，学校采取了以下措施：

(1)完善课程体系，深化教学内容、方法改革。

(2)加强各项管理，开展"教书育人、服务育人、管理育人"三育人活动。

(3)改进日常思想政治教育，开展社会实践活动。

(4)开展校园文化建设，活跃校园文化氛围。

91. 什么是第二课堂教育？

大学生第二课堂教育是指在课堂教学以外的时间，学生在教师指导下所进行的旨在加深基础知识，拓展知识领域，开阔视野，发展科技、文体、艺术等方面的兴趣和才能，培养独立思考和创造性思维的能力，提高思想品德和综合素质的实践创新活动。大学生第二课堂教育是大学生学习成长的重要组成部分，是全面提升大学生综合素质的重要平台，是引导大学生树立新观念、增强自主发展动力的有效载体。

92. 第二课堂教育主要有哪几种形式？

第二课堂教育的形式包括：

(1)思想政治和道德修养，主要包括学生参与理论学习(如学校团委、各学院团总支组织的理论培训学习)、参加上级党团组织的重大政治活动(如国庆、"七一"等重大庆典活动)、面向学生的各类思想、政治、意识形态领域或道德修养等主题教育活动和有利于学生在思想认识、道德品质等方面提高的系列活动。

(2)社会实践和志愿服务活动，主要包括学生参加学校、学院、班级组织的各种社会实践活动和志愿服务活动。

(3)学术科技和创新创业，主要包括学生参加各级各类学术、技术、创新创业比赛、参加校内基础性科普活动、科技培训、论坛和学术交流等活动。

(4)文化艺术与身心发展，主要包括学生参加文体类艺术阵地的建设，参加文体类培训和参加重大文艺演出等文体艺术活动或有利于身心健康发展的活动。

(5)社团活动和社会工作，主要包括学生参与社团重要活动，担任各级学生干部以及在组织、管理能力等方面得到锻炼等。

(6)技能培训及其他，主要包括学生参加各类技能培训以及其他方面的素质培养。

第二课堂教育的形式还包括，学生参与的有固定教学内容和有专业教师授课的第二课堂教学活动，如学生参加业余党、团校学习，参加学校艺术团的系统训练、演出，参加其他类型的有教学计划和固定教学内容的第二课堂教育活动。学生代表学校参加的校级以上各类学术、学科竞赛、科技创新、文化艺术、体育类比赛等第二课堂教育活动。

93. 为什么要在学生中开展综合素质测评？

为全面贯彻国家教育方针，对学生综合素质进行全面、科学的评价，根据《中国普通高等学校德育大纲》《普通高等学校学生管理规定》等文件精神，在掌握学生德、智、体、美等各方面具体考核材料的基础上，本着育人为本、德育为先的原则，坚持学习思考与修养并重、知识能力与素质统一，采用定量与定性、记实与评议相结合的方式，对学生进行综合素质测评，确保“公平、公正、公开”。

(1)综合素质测评是对学生素质发展水平的全面、规范、科学的评价。

(2)综合素质测评鼓励学生以培养强烈的社会责任感、过硬的社会竞争力乃至国际竞争力和健全发展的人格与个性为目标，刻苦学习、积极进取、努力实践，在达到大学基本要求的前提下充分发展自己的个性、特长和综合素质。

94. 综合素质测评有哪些指标体系？

综合素质测评成绩由学习成绩、基础性素质测评成绩和发展性素质测评成绩按一定比例计算得出。计算公式为：综合素质测评成绩＝学习成绩×80％＋基础性素质测评成绩×10％＋发展性素质测评成绩×10％。学习成绩为教务处计算出的平均学分绩点成绩。基础性素质主要包括思想道德素质、身体素质、心理素质、日常行为规范等测评指标。发展性素质是指学生在学校教育过程中培养起来的体现其创造性、实践性和个性发展的素质。

综合素质测评办法是对学生进行综合评定的指导性办法。具体操作时，各学院可根据不同专业、不同年级的实际情况进行适当调整。但本办法中有明确规定的评定原则、程序和加减分标准等，不得随意改动。如确需调整，可由学院党总支提出建议，报学生处批准。

95. 基础性素质主要有哪些内容？如何进行测评？

基础性素质主要包括思想道德素质、身体素质、心理素质、日常行为规范等测评指标，测评成绩由"记实"分值与"评议"分值加和组成。

(1)"纪实"是指对学生在日常学习和生活过程中的行为进行记录，并根据此记录得出纪实分值。需纪实的主要行为包括课堂纪律、宿舍表现、集体活动、体育达标等方面，最高分计 60 分。

课堂纪律是对学生上课情况的考察，主要从学生是否迟到、早退、旷课及遵守课堂秩序等方面进行认定。任课教师提供学生到课信息，班委成员进行课堂秩序情况记录，辅导员定期听课了解学生上课情况。

宿舍表现是对学生宿舍情况的考察，主要从学生宿舍卫生、遵守校规校纪等方面进行认定。公寓管理服务中心提供学生宿舍卫生成绩；班委、舍长记录学生宿舍表现情况，对使用违章电器、留宿外校人员等违纪行为进行上报和记录；辅导员定期到宿舍检查，掌握学生宿舍表现信息。

集体活动是对学生参与各项活动情况的考察，主要从学生参与组织活动、团体活动表现等方面进行认定。班委针对各项集体活动对学生进行考勤，记录学生参与情况。

体育达标是对学生身体素质情况的考察，主要以体育教学部的体育达标测试成绩为准。体育教学部做好学生体育达标测试工作，将学生体育测试成绩反馈给学院，学院结合成绩对学生体育达标情况进行认定打分。

对未达到学校要求或有其他违纪违规行为的，予以减分：受学院通报批评的，每人次减 4 分；受学校通报批评的，每人次减 8 分；受学校警告、严重警告、记过、留校察看处分的，每次分别减 21 分、30 分、40 分、60 分。各项减分可以累计，减完为止。其他减分项目各学院根据具体情况制定减分细则。

(2)“评议”是指每学年末，依据思想道德、身体素质、心理素质、日常行为规范等方面内容，对学生的实际表现作出的评议。评议要着重体现学生的世界观、人生观和价值观，体现学生的爱国主义、集体主义精神以及团结协作精神和诚实守信品质。“评议”最高分计 40 分，学院可根据《高等学校学生行为准则》，自行确定评议的具体内容与形式。

96. 发展性素质主要有哪些内容？如何进行测评？

(1)发展性素质是指学生在学校教育过程中培养起来的体现其创造性、实践性和个性发展的素质。主要以学生实际获得的荣誉称号、奖励及成果鉴定证书等为主要测评依据，包括科技学术与创新活动、社会实践与社团活动、社会工作、技术技能、文体特长和特殊加分。

(2)发展性素质成绩满分为 100 分，每类测评指标加分最高不超过 50 分。

97. 综合测评结果与评奖评优有何关系？

综合素质测评成绩＝学习成绩×80％＋基础性素质测评成绩×10％＋发展性素质测评成绩×10％。

将综合素质测评成绩按照由高到低的顺序排名，可分别按学生总数 5％、10％和 15％的比例由高到低确定一等、二等和三等奖学金。获一等奖学金、基础性素质成绩为“优”者，授予“校级三好学生”称号；获二等奖学金、基础性素质成绩为“优”者，授予“院级三好学生”称号。若学习成绩排名达不到年级(专业或班级)前50%不能获得优秀学生奖学金，操行评定为“中”和“差”者，取消其该学年的评奖和评优资格。

98. 为什么要设立单项奖?

为了鼓励学生在全面提高综合素质的前提下充分挖掘个人潜能、张扬个性，培养竞争意识、创新意识和创新能力，学校设单项奖学金。

99. 我校的单项奖有几种? 如何申请和评选?

各单项奖从学年内在德、智、体、美某个方面有突出表现的同学中产生，每学年与综合素质测评同时进行评选。学年内未受任何纪律处分，基础性素质成绩“良”以上，当学年必修课、限选课(包括出于各种原因进行重修的必修课程)无不及格现象，且具备相应条件者，可获得下列奖励：

(1)学习优秀奖学金

用于奖励当学年学习成绩特别优秀的学生。2000 元/人，名额根据当年申报情况确定。要求当学年学习成绩特别优异，学习成绩排名在本年级(专业或班级)前 2%且未获优秀学生奖学金。

(2)研究与创新奖学金

用于奖励在研究与创新方面成绩特别突出的学生。2000 元/人，名额根据当年申报情况确定。

参评该项奖学金须符合以下条件之一：

①参加国际、国家部委及国内外权威机构组织的、经过学校认定的正式竞赛获一、二等奖(如：全国“挑战杯”大学生课外学术科技作品竞赛、全国“创业计划竞赛”、全国大学生数学建模竞赛、全国大学生电子设计竞赛、全国大学生智能汽车竞赛、全国高等医学院校临床基本技能知识竞赛、全国大学生节能减排社会实践与科技竞赛、全国高校“创意、创新、创业”电子商务挑战赛、全国大学生

工程训练综合技能竞赛、全国大学生机械创新设计大赛等，其他高层次竞赛由申报者提出申请，学校认定）；在由省级单位组织的相关竞赛中获二等奖以上（含二等奖）奖励，均须持有获奖证明。

②论文被 SCI、EI、ISTP 及 SSCI、CSSCI 收录；出版专著的第一、二作者。

③积极参与科研活动，成果获省、部级以上奖励或获得国家专利（须通过专家鉴定）。

(3)社会实践奖学金

用于奖励在社会实践方面成绩特别突出的学生。1000 元/人，名额根据当年申报情况确定。具体要求为：须在社会实践中有重大贡献或有较高水平的社会实践成果。

(4)社会工作奖学金

用于奖励在社会工作方面成绩特别突出的学生。1000 元/人，40 人/年。具体要求为：须在社会工作中成绩特别突出。

(5)文体活动奖学金

用于奖励在文体活动方面有特殊才华、成绩特别突出的学生。1000 元/人，名额根据当年申报情况确定。具体要求为：须在由省级以上单位组织的文化、艺术类素质竞赛、体育比赛（邀请赛除外）或演讲、辩论、文学、美术、书法、摄影等比赛活动中成绩优异；或在各项体育比赛中破省级以上纪录（高水平运动员除外）。

(6)海外经历项目专项校长奖学金

用于奖励在海外交流学习期间表现突出的学生。2000 元/人，名额根据当年外派学生情况确定。具体要求为：全日制在校本科生二、三年级学生，须有海外学习经历（在外学习期限至少一个学期），且在外出学习期间热爱祖国，遵守宪法和法律，遵守学校的各项规章制度，遵守外事纪律，自觉维护学校形象且学习成绩优异，各方面表现突出。

(7)第二校园奖学金

用于奖励在第二校园交流学习期间表现突出的学生。1000元/人,名额根据当年申报情况确定。具体要求为:须有第二校园访学经历,且在访学过程中,能自觉遵守山东大学和第二校园的规章制度,积极融入班集体生活,具有强烈的学校荣誉感,切实维护所在学校形象,学习成绩优异,无不及格课程,身心健康,各方面表现突出,没有中途返校、提前返校现象。

(8)优秀学生入学奖学金

用于奖励学校录取新生中的部分高考成绩优秀学生。5000元/人,名额根据当年高考录取情况确定。

100. 大学生为什么要注重培养自身的创新能力?

21世纪将是人类依靠知识创新和高技术创新持续发展的时代。不少国家对高等教育发展趋势的研究也表明,在人才培养上要更加注重能力、素质的培养,特别是创新能力的培养。一个善于创新的民族才是最有竞争力的民族,而具有创新意识、创新思维和创新能力的人才能成为社会生活中的强者,才有希望成为国家建设和社会发展的精英之才和中坚力量。

实践证明,我们的学生大多都具有创造发明的潜力,如果缺乏创新意识、能力和思维的教育培养,那么学生的创新潜能就得不到充分挖掘,甚至被埋没终生。现在提倡的素质教育,其核心内容就是创新人才的培养,也就是培养学生的创新意识、创新思维和创新能力。

101. 目前校内举办的学生科技竞赛有哪些?

目前,校内举办的学生科技竞赛主要有:“挑战杯”大学生课外学术科技作品竞赛、“创青春”大学生创业大赛、大学生科研作品立项活动(SRTP)、大学生数学建模竞赛、大学生“飞思卡尔”杯智能汽车竞赛、大学生电子设计竞赛、中国"互联网+"大学生创新创业大赛、大学生节能减排社会实践与科技竞赛、大学生机械创新设计大赛。

102. 什么是大学生科研训练计划SRTP?

大学生科研训练计划(Student Research Training Program,简称"SRTP"),是为在校本科生设计的一种科研项目资助计划。SRTP采取项目化的运作模式,通过设立创新基金和本科生自主申报的方式确定立项并给予资金支持,鼓励学生在导师指导下独立完成项目研究。

SRTP的核心是支持本科生开展科研训练,学生参与SRTP的过程本质上是在进行研究性学习。它注重学生参与研究的学习过程,而并非期望本科生创造出多少原创性成果。SRTP为学有余力的大学生提供直接参与科学研究的机会,引导学生进入科学前沿,了解社会发展动态。同学们通过发现问题、激发创新思维、独立完成课题等过程,积极主动地探索新的知识领域,从而体验到一种全新的研究性学习的乐趣。

103. 学校对开展SRTP有哪些激励政策?

学校每年设立SRTP专项经费,用于资助学校立项的SRTP项目。学校选取优秀SRTP项目作为国家级大学生创新训练项目、山东大学大学生科技创新基金项目,其资助额度参照山东大学总校标准执行,其中国家级大学生创新训练项目5000～10000元/项,山东大学大学生科技创新基金项目2000～3000元/项。获得校级立项的"一般项目",A类(自然科学类)1200～2500元/项、B类(人文社科类)600～1500元/项、C类(学生组织类)600～1500元/项、D类(创业实践类)10000元/项。

年度SRTP优秀成果评奖,学校评出一、二、三等奖若干,项目申请者(含参与者)可申请相应的创新学分。SRTP 项目成果择优入选《海悦千流——本科生科研论丛》(正式出版物)。SRTP 优秀成果可申报省/国家级大学生科技创新竞赛。学校将每年 SRTP 项目的优秀成果汇编成册。少数特别优秀的,通过学院认定,可替代部分相关实践环节或实验课程;成果特别突出的,学生可向所在学院申请 SRTP 成果取代毕业论文(设计),并进行申请答辩。申请答辩由学院领导小组负责。

104. 学校对 SRTP 是如何管理的?

我校的 SRTP 项目实行学校和学院二级管理,学校大学生科技创新工作领导小组制定有关政策、工作程序,提供经费并进行监督;学院科技创新工作小组负责 SRTP 项目的宣传、发动、申报、评审等具体实施过程的管理。

(1)学校大学生科技创新工作的领导机构为:大学生科技创新工作领导小组,领导小组办公室设在团委大学生科技创新中心;

(2)学院大学生科技创新工作的领导机构为:学院大学生科技创新工作领导小组,并设有秘书处负责学院的 SRTP 组织与管理工作。

105. 什么是社会实践活动?

社会实践活动是青年学生按照学校培养目标的要求,利用节假日等课余时间参与社会政治、经济、文化生活的教育活动。大学生社会实践活动是引导学生走出校门、接触社会、了解国情,使理论与实践相结合、知识分子与工农群众相结合的良好形式;是大学生投身改革开放、向群众学习、培养锻炼才干的重要渠道;是提高思想觉悟、增强大学生服务社会意识、促进大学生健康成长的有效途径。社会实践活动有助于大学生更新观念,树立正确的世界观、人生观、价值观。

我校大学生社会实践活动立足于全面推进我校学生"社会实践经历"教育，大幅提升我校学生的实践与创新能力，结合建设"山大特色、中国一流、世界水平"与"道德性、思想性、创新性、特色性"大学的办学目标与办学理念，全方位开放式办学战略以及构建知识培育体系和人格培育体系的有关要求，引导学生加入到社会实践队伍中来，开阔眼界、接受锻炼、提高素质、服务社会。我校积极推进"四合四化"学生社会实践工作体系建设：理论教学与社会实践相结合，实现社会实践活动课程化；团队立项与个人立项相结合，实行社会实践活动项目化；日常服务社区与假期社会实践相结合，实现社会实践活动常态化；学生成才需求与社会发展需求相结合，实现社会实践活动基地化。

106. 社会实践活动主要有哪些形式？

社会实践活动具体形式为：政策宣讲、科技支农、企业帮扶、文化宣传、医疗服务、法律援助、社区服务、社会调查、文艺演出等。

107. 学生应如何参加社会实践活动？

其主要方式有两种，团体活动与分散活动。

参加集中组队的同学可首先在学校或各学院报名，经学校或各学院确定后的合格人选应针对各学院所确定的活动主题作相关的准备，以保证活动的质量。

选择分散活动的同学可持学校下发的《大学生社会活动介绍信》到自己联系好的企事业单位、厂矿或农村等进行相关实践活动。活动结束后，同学们应将相关实践资料交回学校，以资证明。

108. 什么是青年志愿者活动？

中国青年志愿者行动是青年利用业余时间有组织地为他人、为社会提供无偿服务的志愿行为。从 1993 年底实施以来，迅速发展成为新形势下动员青年参与群众性精神文明创建活动的有效载体，成为社会主义市场经济条件下社会保障和社会服务体系的有机组成部分，成为广大青年在服务社会的实践中接受教育、经受锻炼、提高素质的重要途径。1993 年 12 月 19 日，共青团中央和全国铁道团委组织两万名铁路青年志愿者在京广铁路沿线开展“学雷锋迎春运志愿服务”活动，拉开了中国青年志愿者行动的序幕。1994 年 2 月，首都大学生开展了为老科学家、老教育家、老干部献爱心青年志愿者行动，中共中央政治局常委胡锦涛参加了这一活动，提出要坚持“自愿参加、量力而行、讲究实效、持之以恒”的原则，为青年志愿者行动的深入开展指明了方向。同年 12 月 5 日，中国青年志愿者协会在北京成立，标志着中国青年志愿服务事业进入了一个新的发展阶段。2008 年北京奥运会、残奥会上，170 万志愿者的微笑成为北京最闪亮的名片，他们辛苦的付出和周到的服务感动了全世界。

109. 青年志愿者活动在我校开展情况如何？

目前，我校的青年志愿服务活动主要以学校团委为指导，以校青年志愿者总会为核心，以学院团总支为依托，以学院青年志愿者协会为主力，学校还建立了志愿者专题网站和志愿服务管理系统，着力打造“清馨校园”志愿服务活动、“四进社区”活动和志愿服务威海行动等三大志愿服务品牌。全校各级各类志愿服务组织积极参与，志愿服务内容丰富多彩，既有大型赛事服务如威海国际铁人三项赛、威海市国际渔具展等；又有“四进社区”、志愿支教等日常志愿服务，丰富了同学们的业余生活，为同学们提供了锻炼自己、服务社会的机会，同时也为树立我校在社会范围内的良好形象做出了贡献。

110. 如何成为一名青年志愿者?

志愿者(Volunteer,也称"志愿人员""义工""志工")是指不以物质报酬为目的,利用自己的时间、技能等资源,自愿为社会和他人提供服务和帮助的人。

根据《中国青年志愿者注册管理办法》规定,注册志愿者的基本条件为:

(1)年满 18 周岁或 16～18 周岁,以自己劳动收入为主要生活来源者;14～18 周岁者,须经其法定代理人同意。

(2)具备参加志愿服务相应的基本能力和身体素质。

(3)遵守国家法律法规和注册机构的相关规定。

申请人可在每年 10 月中旬填写《注册志愿者申请表》或通过校志愿服务网络平台进行网上注册,申请表提交各学院青年志愿者协会进行汇总后,交由校青年志愿者总会进行审核。审核合格后,志愿者总会向申请人颁发"中国注册志愿者证""中国志愿者"胸章,申请人正式成为一名注册志愿者,开始参加团组织、志愿者组织开展的培训志愿服务活动项目。

111. 什么是山东大学的"四种经历"教育?

"四种经历"教育,即"第二校园经历""海外学习经历""校内跨校区跨学院学习经历"和"社会实践经历"。

112. 为什么要实施"四种经历"教育?

围绕学生的全面发展和竞争力的提高,鼓励山东大学的学生具有四种经历,这对学生本身的视野和经历,对学生适应社会都将产生非常大的影响。同时,学校也接受其他学校的学生到山东大学来学习,这对山东大学校园的文化氛围、学术氛围的活跃以及对学生们的思维观念等都将产生极大的影响。

113. 什么是“第二校园经历”？

山东大学和国内的一些高水平大学合作，派出我校二年级及以上全日制在校本科生到对方的优势学科和专业学习一到两个学期，同时接受对方的学生到山东大学来学习，学费互免，学分互认，这就是第二校园经历。

114. 参加“第二校园经历”需要具备什么条件？

参加“第二校园经历”需要具备以下条件：

(1)品德优良，遵纪守法，无违规违纪记录。

(2)学习态度端正，刻苦勤奋，成绩优良(在各种竞赛活动中获奖者优先)，无不及格必修课程。

(3)身心健康，能够适应第二校园的学习生活。

115. 如何选拔参加“第二校园经历”教育的学生？

(1)按照“公开、公正、公平”的原则，学院根据派出计划组织报名，报名坚持自愿原则。

(2)学院根据选派标准，按照学习成绩和综合测评、心理测试结果进行排序，择优确定初选名单并公示，无异议后报学校教务处。

(3)学校对学院上报的选派学生名单进行审核，与合作高校函商落实互派学生名单，在教务处网站公布。

(4)互派名单确定后，教务处报学生工作处、财务处备案。

116. 学校目前有哪些学生组织？

目前，学校的学生组织有：学生工作处指导下的大学生网络文化工作室、学生心理委员工作站、公寓管理委员会和大学生职业发展协会；校团委指导下的校学生会、社团联合会、广播站、青年志愿者总会；各学院指导下的院学生会以及146个学生社团。

117. 大学生网络文化工作室是一个什么性质的组织?

大学生网络文化工作室以“贴近学生,服务学生,引导学生”为宗旨,利用微信公众平台、网站等媒体,在为广大学生提供实用服务信息的同时,潜移默化地进行网络文化、网络思政、网络舆情等内容的正能量传递,是我校开展大学生网络思想政治教育的主力军。

118. 学生心理委员工作站是一个什么性质的组织?

学生心理委员工作站是在山东大学(威海)学生处心理指导中心指导下的学生心理健康教育组织,旨在为我校心理委员提供良好的心灵沟通交流的平台,促进全体学生心理健康发展,是我校朋辈心理辅导工作的中坚力量。心理委员工作站由秘书处、宣传部、企划部、公关部和新闻网络部等五个部构成,共有成员 30 余名。学生心理委员工作站每年 6 月换届,10 月面向全校心理委员纳新。

学生心理委员工作站负责全校心理主题班会的策划、组织及评比;组织策划校级心理情景剧大赛、大学生“双助”立项等相关活动;定期组织召开心理委员交流会,组织心理委员培训活动;为有需要的班级或团体提供团体心理辅导;开展有针对性的心理健康讲座;定期开展工作站内部和心理委员心理沙龙;协助心理指导中心和各学院心理辅导站举办“5·25”心理健康主题活动月的各项大型活动。

119. 公寓管理委员会是一个什么性质的组织?

学生公寓管理委员会是由学生工作处设立的,在学生工作处和学生公寓管理服务中心领导下的,以学生公寓日常管理服务为立足点,以“服务学生,奉献公寓”为宗旨的学生自治组织。自成立以来,学生公寓管理委员会历届成员忠实践行自己的服务理念,已成为与广大同学的学习、生活，特别是公寓生活联系最为密切而广泛的学生组织。

学生公寓管理委员会不断创新着自己的工作思路，以适应新形势下高校学生公寓管理工作的需要。2008 年 3 月，经学生工作处重新认定、组建，学生公寓管理委员会完成重大改革，分为同一系统内的两大部分，其中学生公寓管理委员会正式作为院级学生工作组织存在，各公寓楼管理委员会作为学校的勤工助学组织存在。与此同时，学生公寓管理委员会完善了自身的机构设置，目前委员会主要领导机构是主任团，下设秘书处、宣传部、生活卫生部、安检部、公关部、文艺部等六个部门。此外，各公寓楼管理委员会分布在各学生公寓楼内，每楼设一名副楼长，楼内每层设一名层长，直接接受主任团的领导和监督管理。

作为学校的勤工助学组织，各公寓楼管理委员会在日常工作中，代表和维护住宿学生的正当权益，其主要工作内容是维持学生宿舍秩序、管理学生宿舍内务、保障公寓楼内安全、加强公寓精神文明建设。由副楼长和层长组成的各公寓楼管理委员会，是与广大住宿同学的公寓生活联系最为密切的学生组织，在“服务学生，奉献公寓”的理念指导下，各公寓楼管理委员会将为同学们的学习、生活努力营造优良的公寓环境。

作为院级学生工作组织，学生公寓管理委员会工作的内容除了公寓内日常的卫生、安全、秩序管理外，最重要的是推动公寓文化建设。其中，以公寓文化节为代表的公寓文化建设活动已取得诸多优秀成果和成绩。在学校领导的大力支持和广大同学的密切配合下，学生公寓管理委员会必将继续推动学校的公寓管理与服务工作不断前进。

120. 大学生职业发展协会是一个什么性质的组织?

大学生职业发展协会是从大学生普遍面临的社会就业问题和大学生的实际需求出发,为促使同学们能尽早着手准备和思考就业,根据企业的用人需求,全面培养同学们的职业素养,改变就业观念,增强就业技能的学生社团。该组织隶属于校团委,挂靠在学生处就业创业指导中心,受校团委和学生处就业创业指导中心的双重管理,主要协助就业创业指导中心举办就业类讲座和职业辅导活动,努力适应目前企业对高层次人才提出的要求,本着"为同学服务"的宗旨,协助构建大学生与社会企业交流的平台,以进一步提高同学们的社会实践能力和就业竞争力。

121. 学生会是一个什么性质的组织?

山东大学(威海)学生会是在学校党委领导下,校团委具体指导下的学生自我服务、自我教育、自我管理的群众组织,成立于1988年,距今已有28年的历史,沉淀着丰富的文化内涵。学生会自成立以来,一直以"一切为了同学,为了一切同学,为了同学一切"为宗旨,开展丰富多彩的活动,是引领学生先进思想的主力军,是推进校园文化建设的主力军,是维护全校学生合法权益的主力军,是学校和学生进行联系和交流的纽带,在广大同学中起到了先锋模范作用。

山东大学(威海)学生会本着"在职一分钟,服务六十秒"的工作理念,在思想教育、社会实践、科技创新、校园文化、维护学生权益、参与校园民主管理等六大方面服务于同学成长成才。校学生会通过开展校长有约、林海文化论坛、毕业生"我最喜爱的老师"评选、一元爱心超市、日常提案等形式的活动,为构建和谐校园作出了不懈的努力。

122. 什么是学生社团？

学生社团是以高校的专业性、学术性为背景依托，依据学生共同的理念、业余爱好、专业兴趣、学术观点或其他方面的共同追求而自发结成的学生组织。它具有相对固定的成员和特定的活动范围，有着既定的努力目标和活动规范。大学生社团是联系高校和学生个人的桥梁和纽带，是学校重要的课外教育平台，是推动校园文化建设、优化成才环境、提高大学生综合素质的生力军。大学生社团的组建和发展既是时代发展的需要，也是高等教育改革和发展的要求。

123. 我校目前共有哪些学生社团？

我校学生社团经过二十多年的发展，已经形成了学术科技类、文化艺术类、体育健身类、实践创新类、社会公益类、能力拓展类、人文历史类等七大类别，共 146 个社团。

第五章　规章制度

124. 高等学校学生应遵守的行为准则主要有哪些?

高等学校的大学生,应当志存高远,坚定信念,努力学习马克思列宁主义、毛泽东思想、邓小平理论、"三个代表"重要思想和科学发展观,面向世界,了解国情,确立在中国共产党领导下走社会主义道路、实现中华民族伟大复兴的共同理想和坚定信念,努力成为有理想、有道德、有文化、有纪律的社会主义新人。应当热爱祖国,服务人民,弘扬民族精神,维护国家利益和民族团结。不参与违反四项基本原则、影响国家统一和社会稳定的活动。培养同人民群众的深厚感情,正确处理国家、集体和个人三者利益关系,增强社会责任感,甘愿为祖国、为人民奉献。应当勤奋学习,自强不息,追求真理,崇尚科学;刻苦钻研,严谨求实;积极实践,勇于创新;珍惜时间,学业有成。应当遵纪守法,弘扬正气。遵守宪法、法律法规,遵守校纪校规;正确行使权利,依法履行义务;敬廉崇洁,公道正派;敢于并善于同各种违法违纪行为作斗争。应当诚实守信,严于律己,履约践诺,知行统一;遵从学术规范,恪守学术道德,不作弊,不剽窃;自尊自爱,自省自律;文明使用互联网;自觉抵制黄、赌、毒等不良诱惑。应当明礼修身,团结友爱,弘扬传统美德,遵守社会公德,男女交往文明;关心集体,爱护公物,热心公益;尊敬师长,友爱同学,团结合作;仪表整洁,待人礼貌;豁达宽容,积极向上。应当勤俭节约，艰苦奋斗，热爱劳动，珍惜他人和社会劳动成果；生活俭朴，杜绝浪费；不追求超越自身和家庭实际的物质享受。应当强健体魄，热爱生活，积极参加文体活动，提高身体素质，保持心理健康；磨砺意志，不怕挫折，提高适应能力；增强安全意识，防止意外事故；关爱自然，爱护环境，珍惜资源。

125. 学校如何处理违纪的学生？

为了维护学校正常的教育教学秩序和生活秩序，建设优良的学习、生活环境，促进学生的健康成长，根据《中华人民共和国教育法》《中华人民共和国高等教育法》《普通高等学校学生管理规定》《高等学校校园秩序管理若干规定》《高等学校学生行为准则》《公民道德建设实施纲要》以及其他有关规定，结合我校的实际情况，学校制定了《山东大学（威海）学生违纪处分实施细则》。

同时，为了维护学生的合法权益，保障学生身心健康发展，推进依法治校，根据《中华人民共和国教育法》《普通高等学校学生管理规定》等相关法律法规，学校制定了《山东大学（威海）学生申诉处理暂行办法》。

处理违纪学生就是根据上述有关规定进行的。

126. 纪律处分主要分为哪几种？

对有违法、违纪、违规的学生，根据情节轻重、认错态度、悔改表现等，给予下列处分：①警告；②严重警告；③记过；④留校察看；⑤开除学籍。

学生虽有违反校规校纪的行为，但情节轻微不足以给予上述处分的，应由学生所在学院给予通报批评，督促其改正错误。特殊情况，学校可以直接给予通报批评。

127. 如何处理扰乱学校正常教学、科研、工作和生活秩序者？

违反校园安全管理规定，扰乱教学、科研、生产、工作和生活秩序；扰乱课堂、宿舍、阅览室、文体场所、食堂、浴池或其他公共场所秩序；故意往楼下投掷物品、火种，酗酒滋事。有上述行为之一者，视其情节，给予警告以上处分。

128. 如何处理偷窃、诈骗公私财物者？

对以各种手段非法占有国家、集体和个人合法财物，或有其他盗窃、欺骗行为者，视其情节，给予以下处分：

(1)盗窃公私财物，分别给予以下处分：

①一次作案且总价值不满500元者，给予记过处分。

②多次作案或总价值在500元以上(含500元)或影响较坏、情节恶劣者，给予留校察看或开除学籍处分。

③诈骗、抢夺、敲诈勒索公私财物者比照上述规定从重处理。

(2)不当占有遗失物品者，视其情节，给予警告以上处分。

(3)有提供信息及作案工具等协助作案行为，或有掩盖犯罪事实、窝藏赃款赃物行为的，同案处理。

(4)偷窃公章、保密文件、档案等物品者，视其情节，给予留校察看或开除学籍处分。

(5)伪造、涂改、转借证件或材料，或假冒身份实施欺骗行为者，视其情节和后果，给予警告以上处分。

129. 如何处理故意损坏公私财物者？

对故意损坏公物或他人财物者，除按价赔偿经济损失外，根据损坏财物的价值，分别给予下列处分：

(1)损坏价值不足500元者，给予记过以下处分。

(2)损坏价值500元以上(含500元)者,给予留校察看或开除学籍处分。

(3)情节恶劣,后果严重者,可比照上述情节从重处罚。

130. 如何处理损坏消防设施者?

违反消防管理规定,损坏消防设施者,除赔偿损失外,经批评教育不改者,给予警告以上处分;因以上行为造成严重后果者,给予记过以上处分。

131. 如何处理打架斗殴者?

对打架斗殴者,给予下列处分:

(1)引发事端或激化矛盾,情节严重的,给予警告以上处分。

(2)组织、策划他人打架、斗殴,情节严重的,给予记过以上处分。

(3)以"劝架"为名,故意偏袒一方,致使事态恶化者,给予记过以上处分。

(4)为他人打架提供凶器,未造成伤害者,给予记过处分;造成伤害者,给予留校察看或开除学籍处分。

(5)在打架过程中持械伤人者,视其情节,给予留校察看或开除学籍处分。

(6)直接或间接伙同校外人员打架斗殴,情节严重,给予留校察看或开除学籍处分。

(7)在调查处理打架事件过程中,故意提供伪证,妨碍调查处理工作正常进行者,给予严重警告以上处分。

(8)因打架斗殴导致人身伤害或财产损失者,除受到相应纪律处分外,还应向受害者赔偿经济损失。

132. 如何处理聚众斗殴、寻衅滋事或进行其他违纪活动，破坏校园秩序者？

对聚众滋事或进行其他违法违纪活动、破坏校园秩序者，视其情节，给予警告以上处分。

133. 如何处理违反公民道德和大学生行为准则者？

对违反公民道德和大学生行为准则者，给予下列处分：

(1)故意损坏馆藏图书或以旧换新者，视其情节，给予警告以上处分。

(2)侮辱、诽谤或恐吓他人，视其情节，给予警告以上处分。

(3)造谣、诬陷他人者，视其情节，给予警告以上处分。

(4)因学习成绩评定、就业、评奖、处分等原因，对有关人员寻衅报复者，视其情节，给予警告以上处分。

(5)拒绝、阻碍国家工作人员或学校管理人员依法或依校规校纪执行公务者，视其情节，给予警告以上处分。

(6)隐匿、毁弃或私拆、私看他人信件(含电子邮件)，造成不良后果者，除赔偿经济损失外，视其情节，给予警告以上处分。

(7)冒用学校或他人名义，侵害学校或他人利益，造成不良影响或损失者，除赔偿经济损失外，视其情节，给予记过以上处分。

(8)涂写、书画淫秽文字、画像，制作、复制、出售、出租或传播淫秽物品者，视其情节，给予记过以上处分。

(9)接受或提供色情服务者，给予留校察看或开除学籍处分。

(10)违反公民道德和大学生行为准则其他情形者，视其情节，给予警告以上处分。

134. 如何处理违反考试纪律者？

对违反考试纪律者，视其情节，给予下列处分：

第一条　学生不遵守考试纪律，不服从考试工作人员的管理，有下列行为之一的，应认定为考试违纪，该科目成绩以零分计，并视其情节给予警告或严重警告处分：

(1)携带规定以外的物品进入考场或者未放在指定位置的。

(2)未在指定的座位参加考试的。

(3)考试开始信号发出前答题或者考试结束信号发出后继续答题的。

(4)在考试过程中旁窥、交头接耳、互打暗号或者手势的。

(5)在考场及考场附近喧哗或存在其他影响考场秩序行为的。

(6)考试过程中未经允许擅离考场的。

(7)将试卷、答卷(含答题卡、答题纸等，下同)、草稿纸或考试材料带出考场的。

(8)自带答题卡、答题纸、草稿纸或其他纸张的。

(9)用规定以外的笔答题或者在试卷规定以外的地方书写姓名、学号或者以其他方式在答卷上标记信息的。

(10)其他违反考试纪律但尚未构成作弊的行为。

第二条　学生在考试过程中违背考试公平、公正原则，违反考试纪律的，应认定为考试作弊，该科目成绩以零分计，并视其情节，给予下列处分：

(1)未经允许，将与考试有关的书籍、笔记、资料、小抄等带进考场或藏匿于试卷下、课桌内及其他地方的；携带存储有与考试内容相关资料的电子设备的；携带具收发信息功能设备的；在课桌上或其他地方抄写与考试有关内容的；考试中交头接耳，经提醒不改正的；擅自传递物品的；协助他人抄袭试题答案或者相关资料的；故意销毁试卷、答卷或者考试材料的，给予记过处分。

(2)翻看或抄袭书本、笔记、资料、小抄的；抄袭他人试题答案或者相关资料的；考试过程中交换试卷、答卷、草稿纸的；传递纸条或以某种方式示意、核对答案的；使用存储、记载有与考试内容相关资料的电子设备或物品的；使用设备收发与考试内容相关信息的，给予留校察看处分。

（3）代替他人参加考试的，在答卷上填写与本人身份不符的姓名、学号等信息的，视情节给予留校察看及以上处分。

（4）累计两次及以上因考试作弊受过处分的；由他人代替考试的；组织作弊的；使用通信设备作弊，情节严重的；抢夺、窃取他人试卷、答卷或者胁迫他人为自己抄袭提供方便的；以不正当手段获取试卷或者考题的，给予开除学籍处分。

（5）其他认定为作弊的行为，可视情节参照上述条款给予相应处分。

（6）在同一场考试中，学生出现两次及以上违纪、作弊行为的，应加重处分。

第三条　在考试过程中或者在考试结束后发现有下列行为之一的，应当认定相关的学生实施了考试作弊行为，该科目成绩以零分计，并给予记过及以上处分：

（1）通过伪造证件、证明、档案及其他材料获得考试资格和考试成绩的。

（2）评卷过程中被认定为答案雷同的。

（3）被认定存在学位论文造假行为的。

（4）考试工作人员协助实施作弊行为事后查实的。

（5）其他认定作弊的行为。

第四条　学生应当自觉维护考试秩序，服从考试工作人员的管理，不得有下列扰乱考试工作场所秩序的行为，有下列行为之一的，考试工作人员应当终止其继续参加本科目考试。该科目成绩以零分计，并给予记过及以上处分；违反《中华人民共和国治安管理处罚法》的，由公安机关进行处理；构成犯罪的，由司法机关依法追究刑事责任：

（1）故意扰乱考点、考场、评卷场所等考试工作场所秩序的。

(2)拒绝、妨碍考试工作人员履行管理职责的。

(3)威胁、侮辱、诽谤、诬陷或者以其他方式侵害考试工作人员、其他学生合法权益的。

(4)故意损坏考试设施的。

(5)其他扰乱考试管理秩序的行为。

135. 如何处理无故旷课者?

无故旷课者,根据下列情形给予处分:

(1)一学期内累计旷课达10学时,给予警告处分。

(2)一学期内累计旷课达20学时,给予严重警告处分。

(3)一学期内累计旷课达30学时,给予记过处分。

(4)一学期内累计旷课达40学时,给予留校察看处分。

(5)一学期内累计旷课达60学时,给予开除学籍处分。

136. 如何处理利用计算机或网络违纪者?

对违反计算机网络有关管理规定违纪者,分别给予下列处分:

(1)在计算机网络上发表或传播颠覆国家政权、影响社会稳定、有损国家利益、学校利益和他人正当利益的言论、文章,以及散布各种谣言的,视其情节,给予严重警告以上处分。

(2)公开和传播国家秘密、商业秘密或他人隐私的,视其情节,给予警告以上处分。

(3)制造、传播黄色、淫秽、暴力等内容的文章、图片、录像的,视其情节,给予警告以上处分。

(4)制造计算机病毒、利用各种黑客软件和公共互联网攻击程序等不良手段,对他人使用计算机和网络造成影响和破坏的,视其情节,给予严重警告以上处分。

(5)未经同意使用他人账号、恶意欠费给学校或他人造成损失者,除赔偿经济损失外,视其情节,给予警告以上处分。

(6)利用网络侮辱他人人格、进行人身攻击者,给予记过以下处分;造成严重后果的,给予留校察看以上处分。

137. 如何处理反对四项基本原则、从事非法的社会、政治、宗教活动和泄漏国家秘密者?

学生不得有反对四项基本原则的言论和行为,不得从事非法的社会、政治、宗教活动,不得泄漏国家秘密。有下列情形之一者,视其情节,给予警告直至开除学籍处分:

(1)违反《中华人民共和国游行示威法》或其他有关法律法规,组织、参加未经批准的集会、游行、示威活动;组织、策划或参与扰乱社会秩序或破坏学校的管理秩序、从事破坏安定团结的活动。

(2)出版、传播非法刊物;张贴、散发大小字报以及通过其他途径散布反动言论,混淆视听,制造混乱。

(3)领导、组织、参与非法社会团体或组织,从事非法活动。

(4)违反学生社团管理的有关规定,并造成严重后果。

(5)组织、参与邪教、封建迷信活动。

(6)在学校进行宗教活动。

(7)泄漏国家秘密。

138. 对受到国家司法机关处理者,学校有哪些规定?

对违犯法律、法规者,给予下列处分:

(1)触犯国家法律,被依法追究刑事责任者,给予开除学籍处分。

(2)违犯《中华人民共和国治安管理处罚条例》等法律法规,受到行政处罚者,视其情节,给予记过以上处分。

(3)违犯法律、法规,被司法或行政机关认定,但不予处罚者,视其情节,给予记过以下处分。

139. 留校察看的处理有哪些规定？

留校察看一般以一年为限。受留校察看处分的学生，由学生所在院部负责考察，在察看期间有悔改和进步表现者，可按期解除；有突出贡献者，经本人申请，院部审核，学校批准，可提前解除（察看期不能少于6个月）；经教育不改或察看期间又犯错误者，应给予开除学籍处分。对应届毕业学生的留校察看处分，其留校察看期自给予处分时始至毕业时止。

140. 开除学籍的处理有哪些规定？

受留校察看处分的学生，经教育不改或察看期间又犯错误者，应给予开除学籍处分。

曾受过两次处分，再次违纪时，给予开除学籍处分。

给予学生开除学籍处分，由学生所在院部提出处理意见，并由学生工作领导小组作出处分建议，向学生送达处分通知书。处分通知书内容包括处分决定和处分事实、理由及依据等。

学生若对处分通知书无异议或提出申诉后经学生申诉处理委员会复查不需作出处分变更的，将开除学籍的学生报学校党政联席会研究决定。需要作出处分变更的，由学校学生申诉处理委员会提交校党政联席会研究作出最终决定。

141. 在什么情形下，学校对违纪学生可从轻或免予处理？

对违反校纪的学生，有下列情节之一，可以从轻、减轻或免予处分：

（1）能主动承认错误，如实交待错误事实，检查认识深刻，有悔改表现的。

（2）确系他人胁迫的。

(3)能主动检举、揭发他人的违纪行为,积极协助组织查处问题及有其他立功表现的。

(4)有其他可从轻处分情节的。

142. 在什么情形下,学校对违纪学生可从重处理?

对违反校纪的学生,有下列情节之一,应从重处分:

(1)违纪后拒不承认错误或包庇他人违纪行为的。

(2)在组织调查中推翻已经承认的违纪事实、为逃避处分与相关人等统一口径建立攻守同盟或对有关人员打击报复、威胁恫吓的。

(3)有两种以上违纪行为,或同时触犯本细则两条以上规定的。

(4)勾结校外人员作案的。

(5)涉外活动违纪的。

(6)违纪群体的组织者、指挥者。

(7)曾受到过纪律处分的。

(8)有其他应予从重处分情节的。

曾受过两次处分,再次违纪时,给予开除学籍处分。

143. 学校对违纪学生的处理程序是如何规定的?

处分违纪学生的权限、程序与管理:

(1)给予学生警告、严重警告、记过、留校察看处分的,若违纪事实清楚,适用处分条例明确,则由学生所在院部提出处理意见,由学生工作部(处)提交至学生工作领导小组研究作出处理决定,报分管校领导批准。

(2)给予学生开除学籍处分,由学生所在院部提出处理意见,并由学生工作领导小组作出处分建议,向学生送达处分通知书。处分通知书内容包括处分决定和处分事实、理由及依据等。

学生若对处分通知书无异议或提出申诉后经学生申诉处理委员会复查不需作出处分变更的，将开除学籍的学生报学校党政联席会研究决定。需要作出处分变更的，由学校学生申诉处理委员会提交校党政联席会研究作出最终决定。

(3)学生所在院部在提出处理意见之前，听取学生或者其代理人的陈述和申辩，存有异议的，可在一定范围内举行听证会。

(4)学校相关部门在其管辖范围内发现学生违纪行为，应及时调查清楚，必要时报学校保卫处调查。对已调查清楚的学生违纪事件，将有关材料送交学生所在院部及学生工作部(处)，由学生所在院部与学生工作部(处)按规定处理。

送交材料应包括：

①违纪事实的调查结果。

②当事人问询记录。

③其他旁证材料(书证、物证、证人证言等)。

对当事人和证人的问询应当至少有两名以上工作人员在场，并制作问询记录。

(5)对事实清楚的违纪行为，有关院部应在收到材料或接到通知后 10 个工作日内提出处理意见。逾期将由学生工作部(处)提出处理意见。

学生工作部(处)对院部提出的处理意见有异议时，可要求该院部重新审议，或会同有关部门直接提出处理意见。

(6)违纪事件涉及不同院部的学生时，由学生工作部(处)协调后直接提出处理意见。

(7)留校察看一般以一年为限。受留校察看处分的学生，由学生所在院部负责考察，在察看期间有悔改和进步表现者，可按期解除；有突出贡献者，经本人申请，院部审核，学校批准，可提前解除(察看期不能少于 6 个月)；经教育不改或察看期间又犯错误者，应给予开除学籍处分。对应届毕业学生的留校察看处分，其留校察看期自给予处分时始至毕业时止。

(8)被开除学籍者,须在处分决定作出后一周内办理离校手续。逾期不办理者,由学生所在院部指定人员代为办理并记录在案。

(9)学生所受到的纪律处分均以学校名义出具处理决定文本,并由学生所在院部送达学生本人,由学生本人在文本上签字。文本一式三份,一份存入学生档案,另两份分别留院部及学生工作部(处)备案。受开除学籍处分的,同时向省教育厅报备。拒绝签字或因特殊情况不能签字的,由所在院部记录在案,并由学生所在院部主管领导及辅导员签字。

(10)处分决定要视情况及时在全校、院部或班级范围内公布。需通知家长的由院部负责告知。涉及国家秘密、商业秘密、个人隐私等情况的除外。

144. 学生对学校作出的违纪处理决定有异议时,应该如何申诉?

(1)学校成立学生申诉处理委员会,受理学生对处分的申诉。学生申诉处理委员会由学牛申诉处理委员会主任、纪监审办公室、学生工作部(处)、研究生处、教务处、团委等部门主要负责人作为常务委员,另外邀请5名教师、学生代表作为临时委员,共11人,学生违纪和学籍处理的具体经办人不应参加申诉处理委员会。

申诉处理委员会主任由分管纪检监察工作的校领导担任。

(2)学生如对学校的处分决定提出申诉,应在接到学校处分决定书或开除学籍处分通知书之日起5个工作日内,向学校学生申诉处理委员会提出申诉。

(3)学生申诉处理委员会应当在收到申诉书之日起3个工作日内,对申诉作出是否受理的决定。在作出受理决定之日起,根据申诉具体内容采用书面复查方式或复查会议方式进行复查,15个工作日内作出复查决定，并在复查决定作出之日起 3 个工作日内送达申诉人。

学生申诉处理委员会通过复查认为原处理或处分事实清楚，证据充分，适用依据明确，程序正当，定性准确，但处理或处分轻重不当，应予变更原处理或处分决定。除对开除学籍处分和取消入学资格、退学处理决定作出变更时，须由学生申诉处理委员会提交校党政联席会研究决定外，其余变更决定即为最终决定。不得加重对申诉人的处分，学校不再接受申诉人的申诉。

(4)学生对复查决定有异议的，在接到学校复查决定之日起 15 个工作日内，可以向省教育厅提出书面申诉。

145. 对因违纪而受处理者，在各种评优活动中将受到哪些影响？

对受处分的学生，取消其当学年所有评优评奖资格。在综合测评或研究生德育考核中，其“操行评定”应记为“中”或“差”。

146. 开除学籍学生的善后问题和学历问题，学校是如何规定的？

开除学籍的学生，不发给学历证明。

147. 学生如何请假、销假？

(1)学生请假一天内，由辅导员批准；一天以上一周以内，由分管学生工作书记、副书记批准；一周以上由分管学生工作书记、副书记签署意见，报送学生处批准。

(2)学生因病请假一天以上，需出具医院证明。事假三天以上必须附有关证明，但须从严掌握。

(3)学生外出实习、军训、社会调查，因故缺席必须请假，由带队教师或有关人员批准。

(4)学生应遵守公寓作息制度。因事不能按时返回宿舍就寝时,必须提前向所在院系请假。

(5)学生请假获准后,须填写《山东大学(威海)学生请销假表》。此表一式三份,分别由辅导员、学生所在班级学习委员和学生公寓楼值班室保存。

148. 在教室内上课或自习时应自觉遵守哪些文明守则?

(1)教室是进行教学活动的重要场所,必须保持其肃静、清洁、整齐。未经允许,不得在教室内从事上课、自习以外的其他活动。

(2)自觉遵守作息时间,不迟到、不早退,进出教室要按时有序。

(3)进入教室要讲究礼貌,衣着整洁,行为得体。上课要认真听讲,尊重教师。未经教师允许,不得擅自出入教室。

(4)自觉维护教室内外的卫生,不得乱扔杂物,不得随地吐痰,严禁吸烟、就餐、吃零食。

(5)教室内外必须保持安静,在教室要关闭通信工具,严禁打闹、下棋、打牌、玩球或大声喧哗。

(6)自觉爱护公物,不准在门窗、桌椅和墙壁上涂写、刻画或随意张贴。不得将教学设备随意拆卸、搬动或带走;如有损坏,必须按价赔偿。

(7)教室内严禁违章用电,严禁使用电热水器等,上课或晚自习结束,最后离开者要关闭电灯、切断电源。

(8)学生不得在教室内闩门上锁,影响他人使用;不得在教室预先占位,先到者先就座。

(9)本守则应自觉遵守,相互监督。如有违反者,给予批评教育;情节严重、态度恶劣者,给予纪律处分。

149. 学校实验室有哪些管理规定？

（1）实验前必须认真预习实验指导书，写出预习报告（包括：实验题目、实验目的、实验原理和操作步骤），回答指导教师的提问，否则应重新预习，经指导教师认可后方能进行实验。

（2）进入实验室后应保持安静，不得高声喧哗和打闹，不准穿拖鞋、短裤和背心，不准抽烟，不准随地吐痰和乱扔废物，保持实验室和仪器设备的整齐清洁。

（3）做实验时要严格遵守实验室的各项规章制度和仪器设备操作规程，服从指导教师和实验技术人员的指导，按要求进行实验操作，如实记录实验中观察到的现象和结果，不得弄虚作假，认真按时完成实验报告。

（4）要爱护仪器设备及实验室内其他设施，节约使用材料。使用前要仔细检查仪器设备，认真填写使用情况登记表，发现问题应及时报告。未经许可不得动用与本实验无关的仪器设备及其他物品，对不听劝阻造成仪器设备损坏者，按学院有关规定进行处理。

（5）实验中要注意安全，避免发生人身事故，防止损坏仪器设备，若出现问题，应立即切断电源，保护现场，并迅速报告指导教师，待查明原因排除故障后方可继续实验。

（6）实验结束后要如实填写“实验仪器设备使用记录”。经实验室工作人员检查仪器设备、工具、材料无误后方可离开，严禁擅自将实验室任何物品带走。

第六章　组织发展

150. 怎样写入党申请书?

按照党章规定,要求入党的人必须向党组织提出入党申请。入党申请书一般以书面形式递交给所在单位党组织。

入党申请书一般应包括以下基本内容:

(1)为什么要入党(主要写自己对党的认识、政治信念和入党动机以及在这些方面思想变化的过程)。

(2)本人的基本情况(主要写自己成长的经历、政治历史问题、受过何种奖励和处分,以及思想、工作、学习和作风等方面的情况)。

(3)家庭主要成员和主要社会关系情况(主要写其职业、政治情况、与本人的关系等。此项内容也可附于申请书后)。

(4)怎样积极争取入党(主要写怎样正确对待入党问题,以及怎样以实际行动积极争取入党和接受党组织的考验)。

党组织收到入党申请书后,应当在一个月内派人同入党申请人谈话,及时了解其基本情况,肯定和鼓励其在政治上的进步,指出其今后努力方向。

151. 写入党申请书应注意哪些问题?

写入党申请书应注意以下问题:

(1)写入党申请书之前,要认真学习党章和有关党的基本知识,了解党的性质、纲领、宗旨、任务,党员的权利和义务等,提高对党的认识,增强对党的感情,树立正确的入党动机。

(2)要紧密联系自己的思想实际谈对党的认识,向党组织交心,切忌只抄书抄报,不谈真实思想。

(3)要对党忠诚老实,如实向党组织说明自己的政治历史问题,以及家庭主要成员和主要社会关系中的问题,不得有任何的隐瞒和伪造。

(4)入党申请书须由本人书写。如确因特殊情况不能自己写的,可以由本人口述,请别人代写,但要说明不能亲自书写的原因,经本人签名盖章后交给党组织。

152. 如何进行思想汇报?

思想汇报是申请入党的人为了使党组织更好地了解自己的思想情况,自觉地争取党组织的帮助教育,用书面的形式向党组织汇报思想时所写的书面材料。

思想汇报的具体内容一般包括以下几个方面:

(1)对党的路线、方针、政策的认识,包括不理解的问题。

(2)完成某项重要任务的收获和思想认识的提高以及存在的不足。

(3)参加某项重要活动,或学习了某篇重要文章,或观看了某部影视片后所受到的教育。

(4)在平时的工作、学习和生活中,遇到的困难和矛盾以及本人的认识和态度。

(5)对本单位发生的重大问题、社会上的热点问题、国内外重大事件的认识和态度。

(6)其他需要向党组织汇报的问题。

153. 写思想汇报应注意的问题有哪些？

写思想汇报应注意以下问题：

(1)要突出重点。思想汇报的具体内容，不要求每次都面面俱到，应根据本人当时的思想和工作实际，突出重点，避免写成流水账。

(2)要坚持实事求是。向党组织汇报思想，一定要真实，不说假话。切忌东抄西摘，空话、套话连篇。

(3)要坚持一分为二。写思想汇报不仅要写成绩和收获、进步和提高，而且还要如实反映自己的缺点和不足以及对某些问题的模糊认识与疑惑，以便得到党组织的教育和帮助。

154. 入党积极分子应具备哪些条件？

对入党积极分子原则上也应按照党章规定的党员标准来衡量。入党积极分子一般应具备的条件是：

(1)积极拥护和坚决执行党的路线、方针、政策，在思想上、政治上同党中央保持高度一致。

(2)对党有比较全面深刻的认识，积极要求入党，决心为共产主义奋斗终身。

(3)在生产、工作、学习和社会生活等方面表现突出，是改革开放和社会主义现代化建设的先进分子。

(4)树立正确的群众观念，作风正派，团结同志，在群众中有一定威信。

一般情况下，入党申请人递交入党申请书 6 个月以上、具备入党积极分子条件，才可被推荐和确定为入党积极分子。

155. 入党积极分子的培养联系人的主要任务是什么？

党组织应当指定一至两名正式党员作入党积极分子的培养联

系人。培养人的主要职责是：

（1）向入党积极分子介绍党的基本知识。

（2）了解入党积极分子的政治觉悟、道德品质、现实表现和家庭情况等，做好培养教育工作，引导入党积极分子端正入党动机。

（3）及时向党支部汇报入党积极分子情况。

（4）向党支部提出能否将入党积极分子列为发展对象的意见。

156. 发展对象应具备哪些条件？

入党积极分子确定为发展对象应具备的条件：

（1）一般应经过党组织一年以上的培养、教育和考察。

（2）必须经过集中培训，并进行考试，没有经过培训或考试不合格的，均不得列为发展对象。

（3）基本具备党章规定的党员条件。

（4）发展共青团员入党，一般要经过团组织推荐。

157. 对发展对象的政审有哪些内容？

（1）政治审查的主要内容包括：对党的理论和路线、方针、政策的态度；政治历史和在重大政治斗争中的表现；遵纪守法和遵守社会公德情况；直系亲属和与本人关系密切的主要社会关系的政治情况。

（2）政治审查的范围：发展对象本人、家庭主要成员及主要社会关系。家庭主要成员是指发展对象的配偶、父母、子女或自幼抚养其长大的养父母和由其抚养的养子女；长期同本人一起生活、关系密切的其他亲属，如祖父母、外祖父母、兄弟姐妹等，必要时也应了解他们的政治情况。主要社会关系通常指在政治上、思想上、生活上与发展对象有密切联系的旁系亲属，如岳父母或公婆、叔伯姑舅姨，以及关系密切的朋友、同事、同学、同乡等。对于没有联系或很少联系、对发展对象本人成长影响不大的非直系亲属，可不列入政审的范围。

158. 发展对象的预审程序是什么?

对发展对象材料实行三级审查制:党支部预审、党总支预审和组织部审查。预审的主要内容包括入党手续是否完备、材料是否齐全、程序是否规范等方面。

发展党员材料必须齐全并审查合格后,方可领取《入党志愿书》。

159. 发展对象需要准备哪些材料?

需要审查的材料:

(1)入党申请书。

(2)个人自传。

(3)团组织"推优"意见。

(4)《入党积极分子考察表》。

(5)党课考试结业证书。

(6)确定发展对象投票推荐情况。

(7)党内外群众意见。

(8)党员公示表。

(9)政审材料。

(10)综合考察报告。

(11)思想汇报。

(12)其他。

160. 如何确定入党介绍人?

发展对象确定后,要有两名正式党员作为其入党介绍人,进行跟踪考察培养。入党介绍人一般由培养联系人担任,也可由党组织指定。

161. 入党介绍人的主要任务是什么？

入党介绍人的主要任务是：

(1)向发展对象解释党的纲领、章程，说明党员的条件、义务和权利。

(2)认真了解发展对象的入党动机、政治觉悟、道德品质、工作经历、现实表现等情况，如实向党组织汇报。

(3)指导发展对象填写《中国共产党入党志愿书》，并认真填写自己的意见。

(4)向支部大会负责地介绍发展对象的情况。

(5)发展对象批准为预备党员后，继续对其进行教育帮助。

162. 如何填写《入党志愿书》？

《入党志愿书》是党组织对申请入党的人进行审查的主要依据之一，必须严肃认真地填写。自2015年起，《入党志愿书》由省委组织部统一编号、印制和发放，人手一册，无备用材料。填写《入党志愿书》应注意以下事项：

(1)在填写《入党志愿书》前，党支部负责人和入党介绍人应对入党申请人进行党的基本知识和对党忠诚的教育，将填写《入党志愿书》的目的和意义、填写内容和要求作详细说明。入党申请人应根据要求逐项填写清楚，不得有任何隐瞒或伪造。要用钢笔或签字笔填写，并使用黑色或蓝黑色墨水，字迹要清晰、工整。

(2)填写“入党志愿”这一栏时，应着重写本人对党的认识，实事求是地写出思想发展和变化过程以及自己入党的决心等。

(3)填写“本人经历”这一栏时，应注意不要遗漏，重要经历要写上证明人。

(4)“家庭主要成员”一栏，主要填写本人的父母(或抚养者)、配偶和子女以及和本人长期在一起生活的人。

(5)“主要社会关系”一栏,主要填写同本人联系密切或影响较深的亲戚、朋友等。

(6)“对党还有哪些需要说明的问题”一栏,主要填写本人需要向党说明,而在其他项目中不好填写的问题。

(7)某些项目没有内容可填写时,应注明“无”。

(8)《入党志愿书》中由党组织、入党介绍人填写的项目,在按规定填写后,应签名盖章并注明日期。

163. 支部大会讨论接收预备党员的主要程序有哪些?

支部大会讨论接收预备党员的主要程序有:

(1)发展对象宣读《入党志愿书》,汇报自己对党的认识、入党动机、本人履历、家庭成员和主要社会关系情况,以及需向党组织说明的问题。

(2)入党介绍人介绍发展对象的情况,并对其能否入党表明意见。

(3)支部委员会报告对发展对象审查的情况。

(4)与会党员对发展对象能否入党进行充分讨论,并采取无记名投票方式进行表决。赞成人数超过应到会有表决权的正式党员的半数,才能通过接收预备党员的决议。因故不能到会的有表决权的正式党员,在支部大会召开前正式向党支部提出书面意见的,应当统计在票数内。

(5)形成支部决议。主要内容包括:发展对象主要表现;应到会和实际到会有表决权的党员人数;表决结果;通过决议的日期;支部书记签名。

(6)发展对象表明态度。党支部要及时将支部大会决议填在《入党志愿书》上,并连同预审时的上报材料一并报党总支审查并签署意见,然后由各党总支(直属党支部)报学校党委审批。

164. 党委组织员同发展对象谈话的目的是什么?

党委在审批新党员前，委派组织员同发展对象谈话，考察其对党的认识、入党动机，熟悉党的基本知识情况及觉悟程度，看其是否具备党员条件，并对其进行必要的教育，提出希望和要求。谈话后组织员要把发展对象能否入党的意见认真负责地填在《入党志愿书》上。

165. 党委审批包括哪些内容?

党委主要审议发展对象是否具备党员条件、入党手续是否完备。发展对象符合党员条件、入党手续完备的，批准其为预备党员。党委审批意见写入《中国共产党入党志愿书》，注明预备期的起止时间，并通知报批的党支部。党支部应当及时通知本人并在党员大会上宣布。对未被批准入党的，应当通知党支部和本人，做好思想工作。

166. 举行入党宣誓仪式有哪些程序?

入党宣誓的程序为：

第一项　主持人宣布宣誓大会开始。

第二项　奏(唱)《国际歌》。

第三项　预备党员宣誓(宣誓人持立正姿势，列队面向党旗，举右手，齐肩握拳。领誓人逐句领读誓词，预备党员齐声跟读；宣誓结束后，按领誓人、宣誓人顺序依次报出自己的姓名)。

第四项　新党员代表发言。

第五项　老党员代表发言。

第六项　党总支、直属党支部书记讲话。

第七项　奏唱《国歌》，宣布大会结束。

167. 对预备党员的管理有哪些规定?

党组织应及时将预备党员编入所在单位的党支部或党小组，并找其谈话，教育他们自觉按照党章规定的党员标准严格要求自己，在预备期间自觉地接受党组织的考察，争取按期转正。

预备党员毕业或工作调动时，党组织应将预备党员在本单位期间的教育、考察情况和其他档案材料转给调入单位的党组织。

对于转入的预备党员，党组织应及时将其编入党支部或党小组，并指派专人对其继续进行培养教育和考察，预备期满，应及时讨论能否按期转正。

168. 对预备党员的教育和考察有哪些规定?

(1)加强对预备党员的教育，使他们进一步坚定共产主义信念，端正入党动机，自觉按照党员标准严格要求自己。

(2)给预备党员分配适当的社会工作和群众工作，使他们在工作实践中经受锻炼，树立全心全意为人民服务的思想。

(3)及时了解预备党员的思想、工作、学习和履行党员义务的情况，并要求他们经常向党组织汇报。对他们存在的缺点及时进行批评和教育，帮助他们改正。

(4)要求预备党员的入党介绍人继续担负培养联系人的责任，督促和教育预备党员按照共产党员标准严格要求自己。

预备党员在预备期间要定期以书面形式向党组织汇报自己的思想、学习和工作等方面的情况，自觉接受党组织监督，努力解决思想上入党的问题。

169. 预备党员转正的手续主要有哪些?

预备党员转正的手续是:

(1)本人向党支部提出书面转正申请。

(2)党小组提出能否按期转正的意见。

(3)党支部征求党员和群众的意见。

(4)支部委员会审查。

(5)支部大会讨论和表决。

(6)报上级党委审批。

讨论预备党员转正的支部大会,对到会人数、赞成人数等要求与讨论接收预备党员的支部大会相同。

170. 毕业生党员如何转递组织关系?

(1)对已经落实工作或学习单位的毕业生党员(单位已建立党组织),应将党组织关系及时转往所去单位的党组织(党员本人要与单位联系,了解确认单位隶属的上级党组织)。

(2)对于工作或学习单位已落实的毕业生党员(单位未建立党组织)或毕业后去向待定的毕业生党员,可将其组织关系转移到:①工作单位所在地街道、乡镇党组织;②个人人事档案所挂靠的县以上政府人事(劳动)部门所属的人才(劳动)服务机构党组织;③本人或父母居住地的街道、乡镇党组织;④父母所在单位党组织(党员本人须事先与相关党组织联系并征得同意)。预备党员要按期向所在党支部递交思想汇报,按时缴纳党费并及时递交转正申请,履行转正手续。

(3)毕业后继续留在学校读研或工作的毕业生党员,留在原单位的不需办理组织关系转出手续,学院党总支将其党员组织关系调整到新的党支部;校内跨单位转接组织关系需由学院开具校内组织关系介绍信后,统一到学校党委组织部办理党员组织关系校内转移手续。

171. 毕业生党员转移党员组织关系的具体办理方式有哪些？

(1)转往山东省外单位

转往省外各单位的毕业生党员组织关系介绍信，一般要经过中共威海市委组织部转出。

① 转往省外高校的。教育部直属高校或其他部委所属高校，以及部分驻省会的省属高校，党的组织关系一般隶属省、直辖市、自治区党委教育工委，一般要通过其组织部门接转(如北京市教育工委组织处、广东省高校工委等)。其他的关系一般应在所在的地方党委，一般要通过地方党委组织部门接转(如市、县委组织部)。毕业生党员务必与相应高校党委组织部联系后确定。

② 转往各省、直辖市、自治区所属有关厅局的，一般要通过省、市、自治区党委直属机关工委接转。

③ 转往省外其他县级或县级以上组织所属单位的，一般要通过县、市委组织部(或等同于县级的市辖区委组织部)转接介绍信。

(2)转往山东省内单位

转往威海市以外、山东省内各单位的毕业生党员组织关系介绍信，要经过中共威海市委组织部转出。

① 转往山东省内普通本、专科高等学校(含各类成人高校)的，有些直接开到该校的党委组织部门(有的是人事教育处)；有些学校组织关系隶属于相应地方党委，需要开往所在的市委或县委组织部。

② 转往山东省直各厅、局机关及其挂靠、下属单位的，要开往“山东省直机关工委组织部”，通过省直机关工委转信后，再转往所去单位的党组织。

③ 山东省内大型企业、厂矿单位，党的关系在山东省国资委的，需要通过“山东省国资委党委”接转。

④ 省内其他一般的企事业单位(含三资企业等)或村党支部、

街道委员会等，党的关系一般隶属所在地方党委，需要通过县（市）级及以上地方党委组织部接转。

（3）毕业生党员转往国家机关及行业系统各单位

① 转往中央各部委机关、国家机关、人民团体及其在京的挂靠、下属单位的，一般要通过其机关党委或政治部接转。

② 转往中国科学院北京总部各有关所局的，要通过“中科院京区党委”接转；转往中科院在京以外各地的研究机构的，一般通过所在地的市委组织部接转。

③ 转往国务院国资委系统单位及企业的，可直接转至各大企业、集团公司党委。

④ 转往全国各银行系统、银监会系统、证监会系统、保监会系统各单位的，可直接转至各分公司党委。

⑤ 转往解放军机关、连队以及部队院校、科研机构的，一般通过解放军师一级或相当于师一级以上的政治部的组织部（处、科）接转。

⑥ 转往铁路系统所属各分局及其下属各公司的，一般通过各铁路分局党委接转。

⑦ 转往民航系统各有关单位的，一般可直接转往管理局党委或所属单位党委。

（4）转往威海市各有关单位

转往威海市各有关单位一般不必经过威海市委组织部转接组织关系，可根据单位隶属不同系统，由学校党委组织部直接转往相应的市（县）级党委组织部（如文登市委组织部）、工业工委、外经贸委、建设局党委、环翠区（高区、经区）区委组织部等市直党委。

172. 毕业生党员组织关系转递过程中需注意什么问题？

（1）毕业生预备党员应注意的问题

毕业生预备党员应主动向所属党组织实事求是地汇报自己在

预备期内的政治思想、工作、学习等各方面的实际情况(每季度交一份思想汇报),及时向所属党组织提出书面转正申请,要求党组织讨论自己的转正问题。如果所属党组织需要本人提供在校期间现实表现证明材料的,请回原就读学院党总支办理。

(2)如何处理党员组织关系介绍信丢失的问题

党员应妥善保管自己携带的组织关系介绍信,切勿丢失。一旦丢失,党员应立即向学院党总支报告,以便对丢失党员组织关系介绍信的情况进行审查。如果确属本人不慎丢失,需本人提出书面检查、学院党总支签署意见,报学校党委组织部审批、办理补转手续。对丢失党员组织关系介绍信的党员,党组织可以给予批评教育。没有及时接转组织关系造成介绍信失效的,党员组织关系的补转时间不跨年,超过 6 个月的按照党章规定处理。

(3)如何处理党员组织关系介绍信过期的问题

党员应在介绍信有效期内转接党员组织关系。不按期转接组织关系是组织观念淡薄的表现,也是党的纪律所不允许的。对于过期党员组织关系介绍信要调查了解,弄清原因,分清责任。若已超过介绍信有效期但在六个月以内因过期、变更或遗失需补办的,需本人提出申请,由学院党总支审批后,到组织部补办变更手续,补办时须交回原介绍信或由接收单位党组织出具的相关证明;无正当理由超过 6 个月未到接收单位党组织接转组织关系的,依据党章和党内有关规定予以处理。

(4)毕业生党员组织关系介绍信单位改派的应该如何处理

已到原单位报到并办理了组织关系转接手续的,由原单位开具组织关系介绍信至新单位。未到原单位办理组织关系转接手续的,党员本人应在介绍信有效期内及时向转出前所在学院党总支写出书面报告,学院党总支对有关情况和报到证进行审查,经主管部门同意后予以办理介绍信更改手续。变更信息补办时须交回原介绍信。介绍信开出时间超过 6 个月的,不再更改,按党章有关规定处理。

(5)毕业生党员离校后容易疏忽的五个问题

①离校时将党员组织关系从学校转出,但未在规定时间内到所去单位党组织报到,造成组织关系介绍信过期失效,所去单位党组织不予接收。

②预备党员离校后,未就业或忙于考研,预备期满后不及时向党组织提出转正申请,致使预备期严重超期,待落实工作单位或通过研究生考试复试后,在用人单位(研究生培养单位)党组织开展政治审查的过程中对自己造成不必要的麻烦,这也是对自己极不负责的表现。

③把组织关系与组织发展材料混为一谈,错误地认为组织发展材料随档案转出就是组织关系已转出,不及时办理组织关系接转手续,长期将党员组织关系介绍信放在自己身上,成为"口袋党员"。

④组织观念淡薄,长期不接转组织关系,不缴纳党费,不与组织联系,直到落实工作,才想起组织关系,因时间拖延太久造成自动脱党的事实。

⑤党员组织关系转出后不及时到所去单位党组织报到,因粗心大意致使介绍信毁损或丢失。

(6)党员组织关系回执单如何处理

回执单是转入党组织给转出党组织的回执,代表组织关系已准确落实,组织关系接转落实。毕业生党员在介绍信有效期内办理组织关系转接手续后,务必将组织关系介绍信回执单及时寄回学校。

第七章　助学措施

173. 国家建立的高校家庭经济困难学生资助政策体系及其主要内容是什么？

教育公平是社会公平的重要基础，是国家基本教育政策。党中央、国务院高度重视家庭经济困难学生就学问题，将建立健全国家学生资助政策体系，保障所有家庭经济困难学生都有平等接受教育的机会，作为促进教育公平的重要举措和途径。通过国家资助切实减轻困难家庭供应子女上学的经济负担，传递党和政府的关怀、社会主义大家庭的温暖，是保障和改善民生的重要举措；通过国家资助让每一个家庭经济困难学生都能成为有用之才，帮助家庭经济困难学生消除贫困代际传递，是实现国家长治久安、建设社会主义和谐社会的本质要求；通过国家资助保障每个公民的受教育权利，对于巩固义务教育普及成果、加快普及高中阶段教育步伐、进一步提升高等教育大众化水平具有重要作用，这是我国教育事业科学发展、建设人力资源强国的迫切需要。

2007 年 5 月，国务院出台了《关于建立健全普通本科高校、高等职业学校和中等职业学校家庭经济困难学生资助政策体系的意见》（国发〔2007〕13 号），高等学校家庭经济困难学生资助政策体系得到了较大完善。2010 年《国家中长期教育改革和发展规划纲要（2010～2020 年）》颁布实施后，国家密集出台了一系列高校学生资助政策和措施，高等学校家庭经济困难学生资助政策体系得以进一步完善，在制度上保障了高校家庭经济困难学生顺利入学并完成学业。

高校家庭经济困难学生资助政策体系的主要内容：

（1）国家助学金：用于资助全日制普通本专科（含高职、第二学士学位）在校学生中家庭经济困难学生。

（2）国家励志奖学金：用于奖励全日制普通本专科（含高职、第二学士学位）在校学生中品学兼优的家庭经济困难学生。

（3）国家奖学金：用于奖励全日制普通本专科（含高职、第二学士学位）在校学生中特别优秀的学生。

（4）师范生免费教育：国家从2007年秋季起，在北京师范大学、华东师范大学、东北师范大学、华中师范大学、陕西师范大学和西南大学六所教育部直属师范大学新招收的师范生实行免费教育。

（5）助学贷款：学生通过学校向金融机构申请的信用贷款。公办全日制普通高校在校本专科（含高职）生、第二学士学位、研究生中的家庭经济困难学生，可以申请并按有关规定获得国家助学贷款。学生或者合法监护人可以向家庭所在地的农村信用社、银行等金融机构申请办理无须担保或抵押的生源地信用助学贷款。

（6）退役士兵教育资助：对退役一年以上，考入全日制普通高等学校的自主就业退役士兵，根据本人申请，由政府给予教育资助。

（7）赴基层单位就业高等学校毕业生学费补偿国家助学贷款代偿：对中央部门所属全日制普通高等学校应届毕业生，自愿到中西部地区和艰苦边远地区基层单位就业、服务期达到3年以上（含3年）的，实施相应的学费补偿国家助学贷款代偿。

（8）应征入伍服义务兵役高等学校学生学费补偿国家助学贷款代偿及学费资助：对应征入伍服义务兵役的高等学校毕业生和在校生，按照实际交纳的学费或申请的国家助学贷款，实施一次性补偿或代偿，在校生入伍退役后复学的原高校在校生按照应交纳的学费实施资助。

(9)高校家庭经济困难新生入学资助项目:由中央财政利用中央专项彩票公益金设立,用于一次性补助高校家庭经济困难新生入校报到的交通费及入学后短期生活费。

(10)勤工助学:学生在学校的组织下利用课余时间,通过自己的劳动去获得合法报酬,用于改善学习和生活条件。

(11)其他资助措施:"绿色通道",当年录取新生家庭经济确实存在困难,没有办法筹措足额学费、住宿费,可先报到入学,学校为其办理入学手续后再根据核实后的困难情况给予相应的资助;减免学费,学校对家庭经济特别困难的孤残学生、烈士子女、优抚家庭子女等实行免学费政策;辅助措施,各高校利用自有资金、社会组织和个人捐赠资金等,设立奖学金、助学金;对发生临时困难的学生发放特殊困难补助等。

入学时,家庭经济特别困难的新生如暂时筹集不齐学费和住宿费,可在开学报到的当天,通过学校开设的"绿色通道"报到。入校后再向学校申报家庭经济困难,由学校核实认定后采取不同措施给予资助。其中,解决学费、住宿费问题,以国家助学贷款为主,以国家励志奖学金等为辅;解决生活费问题,以国家助学金为主,以勤工助学等为辅。此外,国家还积极引导和鼓励社会团体、企业和个人面向高校设立奖学金、助学金,共同帮助高校家庭经济困难学生顺利入学并完成学业。

174. 什么是我校的"一揽子统筹资助模式"?

为统筹安排资金,统筹多个资助项目,确保每个家庭经济困难学生获得与其困难程度相当的基本生活保障,学校根据每个家庭经济困难学生的情况,确定了每人每年2000～3000元不等的基础资助标准,确保每一个家庭经济困难学生在校期间的"经济所得"不低于这个底线。在每学年伊始,依次进行家庭经济困难认定,受理学生的勤工助学和贷款申请，进行国家奖学金、国家励志奖学评比，再进行减免学费、国家助学金、社会资助等评定，规定除勤工助学和国家助学贷款外，每位学生可获得其中一项资助项目，有效地解决了资助头绪繁多、学生贫困程度不同难以平衡等问题，形成了涵盖资助时间、资助次序、资助项目、资助资金、资助额度等在内的“一揽子统筹资助模式”，使学生获得了与其困难程度相当的资助，提升了助困效益，为经济困难学生的发展提供了强有力的支持。

175. 我校对经济困难学生的帮扶措施主要有哪些？

我校对经济困难学生的帮扶工作一直非常重视。经过几年来的探索和努力，我校建立了比较完善的帮扶工作体系，基本解决了经济困难学生的上学问题，实现了不让一名学生因为经济困难而辍学的目标。以下是我校目前已建立的资助体系：

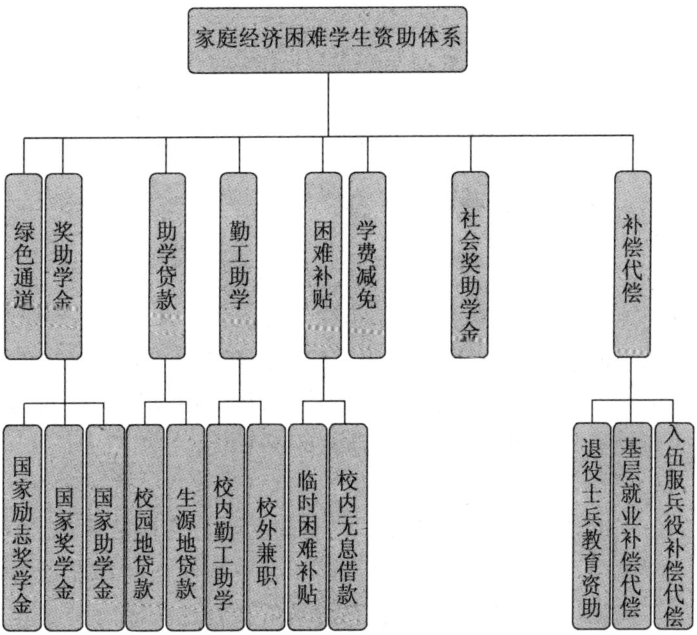

176. 我校家庭经济困难学生认定标准是什么？

家庭经济困难学生的认定工作遵循民主评议和学校评定相结合的原则。对家庭经济困难学生的认定标准参照山东省教育、财政部门规定的家庭经济困难学生认定标准及威海市城市居民最低生活保障标准，并结合学生日常消费水平进行认定，分为特别困难和困难两档。

177. 家庭经济困难学生认定时需要学生提交哪些申请材料？

家庭经济困难学生认定工作每学年组织一次。家庭经济困难学生初次申请认定时，需要先填写《高等学校学生及家庭情况调查表》到家乡所在的乡、镇或街道民政部门加盖公章，证明自己的家庭经济状况。到学校后，提交盖章的调查表，并在学校的组织下填写《高等学校家庭经济困难学生认定申请表》。

学生申请认定时，应诚实守信，如实填写调查表和申请表。学生家庭经济状况如果发生了显著变化，应当及时告知学校。

178. 国家助学贷款有哪些分类及相关规定？

目前，按照学生申办地点及工作流程的不同，国家助学贷款分为校园地国家助学贷款和生源地信用助学贷款两种模式。

国家助学贷款是党中央、国务院在社会主义市场经济条件下，利用金融手段完善经济困难学生普通高校资助政策体系，加大对普通高校家庭经济困难学生资助力度所采取的一项重大措施。国家助学贷款是由政府主导，金融机构向高校家庭经济困难学生提供的信用助学贷款，帮助解决在校期间的学习和生活费用。国家助学贷款利率执行中国人民银行同期公布的同档次基准利率，不上浮。贷款学生在校期间的国家助学贷款利息全部由财政支付，毕业后的利息由借款人全额支付。为鼓励金融机构承办国家助学贷款的积极性，建立贷款风险分担机制，财政（高校）对经办银行给予一定的风险补偿。国家助学贷款是信用贷款，学生不需要办理贷款担保或抵押，但需要承诺按期还款，并承担相关法律责任（见下表）。

类别对比	生源地信用助学贷款	校园地国家助学贷款
申请对象	已经开通生源地助学贷款省市的家庭经济困难学生	全日制普通本专科生（含高职生）、研究生和第二学士学位学生
贷款额度	本科生每人每年不超过8000元	本科生每人每年不超过8000元，研究生每人每年不超过12000元
还款期限	学制加13年，最长不超过20年	学制加13年，最长不超过20年
贷款利息	利率执行贷款发放时中国人民银行公布的人民币贷款基准利率，在校期间，利息由财政全额贴息。学生毕业后贷款利息由学生和家长（或其他法定监护人）共同负担	贷款利率执行中国人民银行同期公布的同档次基准利率。贷款学生在校学习期间的国家助学贷款利息全部由财政补贴，毕业后的利息由贷款学生本人全额支付
担保方式	学生及其家长之一组成生源地贷款共同借款人	信用贷款
申请材料	家庭经济困难证明、录取通知书、学校交费通知单、交费卡，以及申请人身份证、户口簿、结婚证。还要提供担保人或有效资产抵押、信用户评定等证明	申请贷款时需准备家庭经济困难证明、学生身份证复印件、学生证复印件等证明

179. 两种贷款的申请流程是什么?

申请流程	生源地信用助学贷款	校园地国家助学贷款
提出申请	准备齐全证明材料、邮储银行存折后到县(市、区)教育局学生资助管理部门登记并领取申请表。借款人需将申请表填写完整并印章齐全	由借款人向学校提出申请，填写申请表，学校对证明材料的真实性进行初审，并出具意见。贷款行不直接受理借款人的申请
审核材料	借款人及共同借款人本人到登记领表的教育局学生资助管理部门，出具身份证明材料、申请表和账号，工作人员对材料进行审查	贷款行对申请资料进行调查核实，并审查学校是否已签署初审意见、贷款总量是否未超过相应助学贷款管理部门核定给该学校的贷款控制总量
签订合同	借款人及共同借款人本人签订《借款合同》，签订借款合同同时授权银行从上述账户中扣收贷款本息	贷款申请被批准后，学校根据经办银行提供的借款学生名册，在10个工作日内完成组织学生填写、签署借款合同及借据的工作，并提交经办银行
发放贷款	根据合同约定，银行将在合同约定日期发放贷款，并将贷款资金汇至借款学生所在高校指定账户	贷款按学年(期)发放，直接划入学校账户上；生活费贷款，根据合同约定划入借款人的活期储蓄账户

续表

申请流程	生源地信用助学贷款	校园地国家助学贷款
偿还贷款	借款学生毕业后，学生及其共同借款人负责按借款合同约定，按时在个人账户中存入足额资金；代理结算行根据区资助中心提供的扣款明细表，从学生个人账户扣收相应款项	每年毕业离校60日前，学校会组织借款学生与经办银行办理还款确认手续，经办银行会派人上门服务，为借款学生讲解还款有关事宜，并解答借款学生的咨询

180. 国家助学贷款展期是如何规定的？

对于毕业后继续攻读学位的借款学生，需在毕业前向经办银行提出展期申请，并提供继续攻读学位的相关证明。原所在学校审核通过后，由原经办银行为其办理展期手续。

181. 校园地国家助学贷款的偿还、变更是怎样规定的？

(1)所有贷款的学生毕业前必须通过经办银行办理还款确认手续，制订还款计划(继续攻读学位的需申请展期)，否则学校不得为其办理毕业离校手续。

(2)根据我校与经办银行签订的协议要求，毕业生要按还款计划按时偿还本金和利息。在本息结算日之前，每个贷款的毕业生要在指定银行账号中存入足够的现金以备还本和还息之用。

(3)在贷款期间，学生出国(境)留学或定居者，必须在出国(境)前一次性还清贷款本息，之后有关部门方可给予办理出国(境)手续；凡需要转学的学生，必须在学生还清贷款本息后，学校方可办理其转学手续；退学、被开除学籍和死亡的学生，学校应协助经办银行清收该学生贷款本息，然后方可办理相应手续。

(4)贷款可提前偿还，提前归还的部分按合同约定的利率和实际使用时间计收利息。

(5)贷款学生要恪守信用,如因各种原因离开学校后,应主动告知贷款银行其最新通信方式和工作单位,按期偿还贷款本息。

(6)贷款学生所使用的存折账号丢失或变更后,应及时到经办银行办理相关手续。

贷款学生的贷款金额确定后,在贷款期限内保持不变,中途终止贷款,可通过学校向经办银行申请终止发放。

182. 申请校园地国家助学贷款的条件是什么?

国家助学贷款的借款学生为全日制普通高等学校中经济困难的研究生、本科生。

学生申请国家助学贷款必须具备以下条件:

(1)家庭经济困难。

(2)有中华人民共和国国籍,年满 16 周岁的需持有中华人民共和国居民身份证。

(3)具有完全民事行为能力(未成年人申请国家助学贷款须由其法定监护人书面同意)。

(4)诚实守信,遵纪守法,无违法违纪行为。

(5)学习努力,能够正常完成学业。

183. 办理校园地国家助学贷款需要哪些材料?

(1)国家助学贷款申请审批表。

(2)本人学生证和居民身份证复印件(未成年人须提供法定监护人的有效身份证明和书面同意申请贷款的证明)。

(3)本人对家庭经济困难情况说明。

(4)乡(镇、街道)民政部门和乡(镇、街道)以上教育行政部门或人民政府关于其家庭经济困难的证明。

上述材料内容必须真实有效,不得弄虚作假,不得有涂改,学生本人对其提供证明材料的真实性承担法律责任，所有签名处必须由本人按手印；除申请审批表外，其他材料一律用 A4 纸张制作或复印，必须清晰无误。

184. 校园地助学贷款由校内哪些部门负责？

学校成立国家助学贷款工作领导小组，由分管学生工作的副校长任组长，分管财务工作的副校长任副组长，由学生处、财务处、教务处、研究生处负责人及各学院分管学生工作的书记（副书记）担任领导小组成员。在学生处设立“学生资助管理中心”，选派专人负责国家助学贷款的日常工作。各学院选派专人负责本学院国家助学贷款的日常工作。

185. 各部门的工作职责是什么？

（1）学生资助管理中心负责向全国资助管理中心申请全校年度贷款额度；对申请贷款学生的材料进行审核，将经审核合格的学生贷款申请材料报送经办银行审批；协助经办银行和财务处组织贷款合同的签订、贷款的发放和回收；按时向全国资助管理中心报送有关报表及贷款学生资料信息，向经办银行提供学生的变动（包括学生出国、就业、升学、转学、退学等）情况；配合银行做好国家助学贷款的宣传工作，并积极做好学生的信用教育，引导学生树立信用意识，建立学生诚信档案；办理全国资助管理中心和学校交办的其他事宜。

（2）财务处负责会同学生处与助学贷款经办银行签订银校合作协议和助学贷款业务协议；向经办银行出具贷款学生学习期间所需学费、住宿费等有关费用的证明；负责国家助学贷款资金划转工作，落实财政贴息和风险补偿基金的划转以及与经办银行的协调工作。

（3）教务处、研究生处负责向学生处提供办理助学贷款学生的学号、学习成绩以及学生的变动(包括学生出国、辍学、升学、转学、退学等)情况;新生招生时对国家助学贷款政策的有关宣传工作。

186. 贷款学生的违约或违纪责任追究有何规定?

(1)国家助学贷款的借款学生如未按照与经办银行签订的还款协议约定的期限、数额偿还贷款,经办银行应对其违约还款金额计收罚息,并将其违约行为载入金融机构诚信系统,金融机构不再为其办理新的贷款和其他授信业务。

(2)贷款学生在使用贷款期间,如违反银行的有关规定,经办银行可停止发放贷款,并可要求贷款的学生偿还全部贷款本息。

(3)贷款学生在校期间,有违法违纪行为者,学校将会同经办银行中止其贷款合同,并追缴已经使用的贷款。

(4)按还款协议进入还款期后,连续拖欠还款超过一年且不与银行主动联系办理有关手续的借款学生,有关行政管理部门和银行将通过新闻媒体和网络等信息渠道公布其姓名、居民身份证号码、毕业学校及具体违约行为等信息。

(5)违约人承担相关法律责任。

187. 什么情况下学生不再享有贷款资格?

有以下情况之一者,将不再享有贷款资格:

(1)受校级及以上严重处分或学习成绩较差无法正常完成学业者。

(2)隐瞒家庭经济收入,弄虚作假而取得国家助学贷款者,一经发现立即终止该生助学贷款。

(3)享受国家助学贷款的学生在日常生活中有相互攀比、铺张浪费现象者,一经发现立即终止该生助学贷款。

(4)在银行金融诚信系统中有不良记录者。

(5)贷款学生发生转学、退学、出国、被开除、死亡等情况,贷款立即终止。

188. 哪些学生可以申请生源地助学贷款?

全日制普通本科学生、研究生和第二学士学生。在读学生当年在高校获得了国家助学贷款的,不得同时申请生源地贷款。

189. 借款学生签订生源地贷款合同后,还需办理哪些事项?

县资助中心与借款学生签订合同后,打印贷款受理证明交学生,学生持借款合同和贷款受理证明到高校报到,提请高校资助中心老师登录生源地贷款管理系统录入学生回执及校验码。

190. 生源地贷款毕业生毕业确认是什么?

毕业当年学生要在国家开发银行助学贷款系统中进行毕业确认,没有进行毕业确认的借款学生不能予以毕业。借款学生登录系统时应更新个人联系信息,以便日后学生接收提醒短信,及时还款。

191. 生源地贷款如何进行合同变更?

(1)如需对身份信息、就学信息、账户信息进行变更,借款学生或共同借款人需本人持公安部门身份信息变更相关证明到县中心申请办理。县中心老师核对无误后在生源地贷款管理系统内对借款学生或共同借款人的身份信息进行变更,打印变更单一式两份,经借款学生或共同借款人签字和县中心负责人审核后生效,借款学生和县中心各留存一份。

(2)借款学生由本科考入硕士,应及时进行就学信息变更,这样在校期间就可继续享受国家财政贴息政策,不需要自己承担借款利息。如未及时进行就学信息变更,自本科毕业起产生的借款利息将由借款人自付。需携带本人身份证及硕士录取通知书到县资助中心办理,县中心老师核对无误后在生源地贷款管理系统内变更合同贴息起止日、宽限期和到期日等事项,由开发银行审批通过后方能生效。

192. 生源地贷款的相关联系方式是什么?

(1)国家开发银行助学贷款信息网网址为 http://www.csls.cdb.com.cn/,同学们可以在该网站上了解助学贷款相关政策、动态、常见问题解答,并下载相关资料。该网站不需注册直接登录,并提供链接至学生在线服务系统。

(2)生源地助学贷款网址为 https://sls.cdb.com.cn/,高校助学贷款网址为 https://www.csls.cdb.com.cn/。同学们可以在学生在线服务系统上申请助学贷款、提前还款,查询贷款状态、还款计划和还款记录,进行个人信息变更、共同借款人信息变更和个人账户变更。

(3)支付宝网址为 http://www.alipay.com/,同学们可以在该网站进行实名认证、卡通认证、账户充值等操作。

(4)贷款办理及还款问题可联系生源地资助中心咨询办理。

193. 什么是国家励志奖学金?

国家励志奖学金是为了激励普通本科高校、高等职业学校和高等专科学校的家庭经济困难学生勤奋学习、努力进取,在德、智、体、美等方面全面发展,由中央和地方政府共同出资设立的,奖励资助品学兼优的家庭经济困难学生的奖学金。

194. 国家励志奖学金的奖励对象是如何规定的?

国家励志奖学金主要用于奖励资助高等全日制本、专科学生中二年级以上(含二年级)品学兼优的家庭经济困难学生。

195. 国家励志奖学金的申请条件是什么?

学生符合以下条件的可以申请国家励志奖学金:

(1)热爱社会主义祖国,拥护中国共产党的领导。

(2)自觉遵守宪法和法律,遵守学校各项规章制度。

(3)品行端正,诚实守信,在当学年综合素质测评中,基础性素质成绩为"良"以上。

(4)学习刻苦,成绩优异,当学年学习成绩处于专业(班级)前30%,当学年必修课、限选课(包括出于各种原因进行重修的必修课程)无不及格现象。

(5)自觉遵守国家法律,遵守各项校纪校规,没有违纪违法行为。

(6)家庭经济困难,生活俭朴。

(7)学生当学年参加志愿服务不少于40学时。

196. 国家励志奖学金的资助人数、金额、申请及评审时间是如何规定的?

(1)国家励志奖学金额度为每人每年5000元。全校国家励志奖学金推荐名额每年由中央主管部门确定。

(2)国家励志奖学金每学年评选一次,实行等额评审。每年10月开始受理申请,当年10月31日前评审完毕。

197. 国家励志奖学金的评审程序和发放方式有哪些规定?

关于国家奖学金的评审程序,有以下规定:

(1)财政部根据中央各主管部门和省(自治区、直辖市)所属普通高等学校上一年的全日制在校本专科生人数,于每年9月1日前确定各中央主管部门和各省国家励志奖学金的推荐名额。

(2)各高校学生将个人的申请材料于每年 10 月 1 日前提交给所在学校，由学校在限额内等额评审后，于每年 10 月 31 日前将推荐名单及有关材料按照隶属关系分别报送中央主管部门或各省教育主管部门审核；各中央主管部门和各省财政厅(局)于每年 11 月 15 日前，将复核后的获国家励志奖学金的学生名单备案表报财政部备案。

(3)我校的评审程序：学生个人提出申请；各学院按有关规定进行审核，按比例确定名单后公示并上报学校；学校审核后进行公示并与总校一起上报国家教育部。

财政部按照国家励志奖学金推荐名额，确定各中央主管部门和各省国家奖学金预算。在接到国家励志奖学金学生名单备案材料后，一个月内将国家励志奖学金预算下达给各中央主管部门和各省财政厅(局)。各中央主管部门和各省财政厅(局)将资金拨给各高校，由高校统一发放给获国家励志奖学金的学生。

198. 什么是国家助学金？

国家助学金是为了体现党和政府对普通本科学校、高等职业学校和高等专科学校家庭经济困难学牛的关怀，由中央和地方政府共同出资设立的，用于资助家庭经济困难的全日制普通本专科(含高职、第二学士学位)在校学生。

199. 国家助学金的资助对象、资助标准是什么？

国家助学金的资助对象为我校家庭经济困难的全日制本科学生。国家助学金主要用于家庭经济困难学生的生活费用开支。国家助学金的资助标准为每生每年 2000 元和 3000 元两个标准。

200. 国家助学金的申请条件是什么？

国家助学金的基本申请条件主要有：

(1)热爱社会主义祖国,拥护中国共产党的领导。

(2)自觉遵守宪法和法律,遵守学校各项规章制度,无违法违纪行为。

(3)品行端正,诚实守信。

(4)勤奋学习,积极上进。

(5)家庭经济困难,生活俭朴。

(6)积极参加志愿服务,每学年公益活动时间不少于 40 学时。

201. 国家助学金如何申请、评审和发放?

国家助学金每学年评定一次。每年 9 月 30 日前,学生根据国家助学金的基本申请条件,向学校提出申请,递交《普通本科高校、高等职业学校国家助学金申请表》。当年 11 月 15 日前完成评审。

国家助学金的申请、评审程序如下:

(1)学生可根据国家助学金申请条件,按学年向所在学院提出申请(每学年一次,符合条件的学生可连续申请),并提交《国家助学金申请表》。

(2)在同一学年内,申请并获得国家奖学金或国家励志奖学金的学生,原则上不再申请国家助学金。

(3)根据国家助学金的基本申请条件,在学生班级内对提出申请的学生进行民主评议。

(4)学院学生工作领导小组对各班级推荐的学生从思想品德、经济状况、学习成绩等方面进行全面审核,在限额内等额评审出国家助学金候选人,在本学院公示后,在规定时间内报学生处。

(5)学生处在对学院报送的国家助学金候选人的材料进行审核后,按照公开、公平、公正的原则,将初审合格学生名单向全校师生公示。

国家助学金按学期一年分两次发放到受助学生银行账户中。一般情况下,秋季学期助学金在 12 月初发放,春季学期助学金在

4月初发放。具体发放时间需视国家拨款到位情况确定。

202. 学生参加勤工助学主要有哪些益处?

大学生参加勤工助学主要有以下几个方面的益处:

(1)培养自立意识。大学生通过勤工助学实践,能够锻炼意志,摆脱心理上对家庭、对国家的依赖性,提高心理素质和心理承受能力。

(2)使学生在了解社会、熟悉社会的同时,直接为社会服务。为社会服务既是自己对课堂上所学知识的运用,也是对自己在课堂所学知识的检验。在这一双向受益的过程中,增强了群众观点、劳动观点、服务观点、实践观点。

(3)使学生在勤工助学活动中广泛地了解社会生活。在深入社会的同时,能够亲身体验社会主义现代化建设中的效益观、信息观、时间观,使学生感受到在社会生活中自身存在的价值,树立起强烈的责任感和主人翁精神。

(4)拓宽社交面,促使大学生生活方式更快地适应社会主义现代化建设的步伐。

(5)锻炼学生的组织管理能力。

实践证明,勤工助学活动作为大学生参加社会实践活动的一个重要方面,对于大学生的健康成长是十分有益的。因此,各高校都积极鼓励学生积极参加勤工助学活动,并想方设法为其提供新的平台。

203. 校内勤工助学的工作范围是什么?

校内勤工助学的工作范围主要是指校内非创收性的公益性管理、服务和劳动等。具体包括助教、助研、助管、科技服务、生产和生活服务等。

204. 校内勤工助学有哪些岗位？

勤工助学岗位分固定和临时两种。勤工助学岗位的设定由校内用工单位与学生处协商确定。固定岗位每学年初确定，临时岗位由用工单位随时向学生处申请。

205. 勤工助学的申请程序是什么？

(1)各单位一般在每学年的7月份申请当年9月至次年7月的勤工助学岗位，并填写《山东大学(威海)学生勤工助学用工申请表》(表格在学生在线文件下载专区下载)，学生处根据申请情况确定具体岗位。期间如果需要申请岗位，可以在每学年开学后两周内向学生处提出。期间也可以根据需要进行个别调整。临时岗位的申请须提前1天提出。

(2)申请参加校内各种勤工助学固定岗位的学生要认真填写《山东大学(威海)学生勤工助学申请表》(每位学生只能申请一个勤工助学岗位)，并携带此表参加各用工单位的面试。用工单位确定录用学生并报学生资助中心备案。

(3)接到录用通知的勤工助学学生在2日之内到用工单位报到，并向用工单位提供本学期的课余时间说明。

(4)学生到校外参加勤工助学活动，应到学生处填写《学生校外勤工助学登记表》，以便掌握用工单位或个人的基本信息，维护学生的合法权益。

206. 勤工助学的组织管理有哪些规定？

(1)为更好地组织大学生开展勤工助学活动，学生处具体负责对勤工助学活动的组织与管理、教育与指导、监督与协调、咨询与服务。

(2)用工单位指定一位主管老师对上岗人员进行管理。其职责包括对新上岗人员的培训、日常工作的指导监督、对在岗勤工助学学生的考勤(需填写《勤工助学考勤表》)、对学生工作情况进行评定等。

(3)用工单位如果中途撤销所设岗位或解聘使用的勤工助学学生,须在撤销或解聘前5个工作日到学生处进行登记备案和审批。

(4)用工单位须在每月7日前向学生处报送上月《勤工助学考勤表》,并附详细考勤记录。

(5)学生参加勤工助学,要严守操作规程,注意安全,讲究职业道德,艰苦奋斗。工作期间遵守劳动纪律,不得无故旷工,如不能按时上班时应提前向用工单位老师请假。学生处每学年对参加勤工助学的学生进行考评,对于在勤工助学活动中表现突出的个人予以表彰奖励;对于勤工助学活动中有违反校规校纪者,要视情节轻重,给予批评教育或校纪处分,并在一学年内取消勤工助学资格。

(6)学生个人自行到社会兼职工作或从事勤工助学活动,应到院(部)登记备案,填写《山东大学(威海)学生校外勤工助学登记表》,如不进行登记,一旦与用工单位发生矛盾或造成不良后果,责任自负。

207. 勤工助学的报酬是怎样核定的?

(1)校内勤工助学工资标准执行教育部有关文件规定。工资分为计时工资和岗位工资两类,工资标准由学校资助管理中心根据岗位类别和工作性质确定。

(2)校外勤工助学酬金标准不应低于学校当地政府或有关部门规定的最低工资标准,由用人单位、学校与学生协商确定,并写入聘用协议。

(3)学生参与校内非营利性单位的勤工助学活动,其劳动报酬由学生资助管理中心从学校资助专项资金中支付，学生参与校内营利性单位或有专门经费项目的勤工助学活动，其劳动报酬原则上由用人单位支付或从项目经费中开支；学生参加校外勤工助学，其劳动报酬由校外用人单位按协议支付。

208. 学校为什么要减免部分学生的学费？

高等教育不属于义务教育，学生上学所交的学费是为了保证其正常学习需要，原则上不能予以减免。但是，为了确保家庭经济特别困难的学生顺利完成学业，学校对部分生活特别困难的学生实行减免。

209. 学校在学费减免上是如何规定的？

学费减免分全免和部分减免两个等级，每学年减免一次。

减免额度不超过学院全日制学生所交学费总数的 2%，具体减免人数和数额由各学院根据实际情况确定。

210. 如何申请临时困难补助？

(1)学生本人书面提出申请，填写《临时困难申请表》，详细说明申请原因，并附有关证明。

(2)辅导员要充分调查了解情况，签署意见。

(3)学院审核，填写申请表，主管学生工作的党总支书记、副书记签署意见。

(4)申请材料交学生处审核批准。

(5)财务处将学生补助金直接划入学生银行卡中。

211. 校内无息借款的申请条件是什么？

(1)具有中华人民共和国国籍，且持有中华人民共和国居民身份证的山东大学(威海)全日制在读本科生和研究生。

(2)拥护党的方针、政策,遵守国家法律及学校规章制度,思想品德良好。

(3)学习努力,学习态度端正。

(4)家庭经济困难学生,或因突发事件造成经济特殊困难的学生。

212. 校内无息借款的种类、金额和比例是多少?

校内无息借款分为固定无息借款和临时无息借款两类。固定无息借款是指因学生家庭经济特别困难,申请国家助学贷款仍无法解决学习和生活困难而提供的无息借款。临时无息借款是指因学生突发事件造成经济特殊困难而提供的无息借款。学生每学年申请的学校无息借款额度,原则上不超过 2000 元。

213. 校内无息借款如何申请和发放?

(1)固定无息借款每学年申请一次,在每年的 10 月份提出申请;临时无息借款可随时向学院提出申请。

(2)申请无息借款的学生在规定的时间内向学院提出申请,填写《山东大学(威海)经济困难学生校内无息借款申请表》并签订无息借款协议;学院对申请者进行资格认定并审定借款金额,审核后将学生无息借款汇总名单和学生个人申请材料报学生工作处审批;学生工作处对学院报送材料进行审核、公示,将公示后的审定名单提供给财务处,由财务处核算发放。

214. 如何偿还校内无息借款?

借款学生可以根据实际情况随时还款,也可以选择毕业前一次性还款。学生在毕业时无法还清校内无息借款,可以在毕业后一定期限内还清,不计利息,但须提出书面还款计划,填写《还款确认书》,办妥相关手续。收回的校内无息借款纳入校内无息借款基金。

215. 学生在校期间，什么情况不得享受校内无息借款？

凡有以下情况之一者，不得享受校内无息借款：

(1)违反校纪校规受到处分。

(2)因病休学。

(3)申请材料中有瞒报、欺骗行为。

(4)学习态度不端正，学习不努力，造成学习成绩低劣。

(5)滥用校内无息借款，平时生活挥霍浪费。

(6)当年已获资助总额达 8000 元及以上。

有上述情况(2)的学生复学后可重新申请校内无息借款；有上述情况(1)(4)(5)的学生，学校将停止对该生发放校内无息借款并提前收回已借金额，经教育帮助，考察一年后有明显进步的，可酌情重新审定校内无息借款；有上述情况(3)的学生，令其偿还所发全部校内无息借款，并根据情节给予批评教育直至纪律处分。

216. 什么是社会资助？

社会资助是指为了帮助家庭经济困难学生解决学习、生活中遇到的特殊经济困难，保证他们安心学习，除国家或学校专项拨款外，由社会上的企事业单位、组织或个人依法或自愿向学校捐赠或通过其他方式直接或间接地向学校提供资金进行的各类形式的资助活动。

217. 社会资助是如何发放的？

社会资助的发放方式主要是通过个人申请、学院推荐、学校审核或直接由学院推荐两种方式以物品或助学金的形式直接发放到受助学生手中或由财务处统一划到学生银行卡中。

218. 学校对家庭经济困难学生进行培育的宗旨是什么?

为了加强对家庭经济困难学生的培育工作，我们以素质与能力支持作为工作重点，结合学生的实际情况和需求，积极开展参与式培训和实践活动，着力提高困难学生的基本能力、实践能力、创新能力和发展能力；积极组织和引导家庭经济困难学生参加各种志愿活动，让学生在活动中走向自尊、自爱、自立、自强，学会知恩、感恩和报恩，强化学生的自我教育和提高；积极拓展校内外勤工助学岗位，充分利用社会资源，让困难学生不仅能通过自己的劳动获得回报，同时提高了他们的人际交往能力、处事能力和社会适应能力等综合素质。而各学院把家庭经济困难学生组织起来，成立了名称各异的自助性团队，使学生有了一个交流和表达的平台，团队内开展的形式多样的经验交流、心理辅导、社会实践、志愿服务等活动，消除了同学们的困惑，提升了学生的整体素质，实现了家庭经济困难学生的全面和可持续发展。

219. 我校目前有哪些家庭经济困难学生组成的团队?

目前我校各学院家庭经济困难学生团队主要有：王振滔慈善基金会爱心接力计划山东大学(威海)工作站、文化传播学院“同心圆”团队、商学院“梦起飞”成长站、机电与信息工程学院“IT家园”、法学院“启航”团队、艺术学院“阳光家庭成长驿站”、空间科学与应用物理学院“阳光下”团队、数学与统计学院“星梦园”、韩国学院“教与学”团队、海洋学院“自强社”、翻译学院“惠心社”。这些团队都有各自相对固定的活动内容，不仅对参与的学生本人，而且对服务对象都产生了很大影响。

220. 哪些学生能够享受学费补偿和国家助学贷款代偿政策？

（1）为引导和鼓励高校毕业生面向中西部地区和艰苦基层单位就业，财政部、教育部联合下发了《高等学校毕业生学费和国家助学贷款代偿暂行办法》（财教〔2009〕15 号）和《应征入伍服义务兵役高等学校毕业生学费补偿国家助学贷款代偿暂行办法》（财教〔2009〕35 号）文件，中央部门所属普通高校中的全日制本专科生（含高职）、研究生、第二学士学位的应届毕业生符合以下条件，均可以申请学费和国家助学贷款代偿：

①拥护中国共产党的领导、热爱祖国，遵守宪法和法律。

②在校期间遵守学校各项规章制度，诚实守信，道德品质良好，学习成绩合格。

③毕业生自愿到中西部地区和艰苦边远地区基层单位工作，服务期在 3 年以上。

④应征入伍服兵役的毕业生。

值得注意的是：定向、委培以及在校期间享受免除全部学费的学生除外。

（2）为鼓励高等学校在校学生积极应征入伍服义务兵役，提高兵员征集质量，推进国防和军队现代化建设，财政部、教育部、总参谋部联合下发了《应征入伍服义务兵役高等学校在校生学费补偿国家助学贷款代偿及退役复学后学费资助暂行办法》（财教〔2011〕510 号），自 2011 年秋季学期起，对应征入伍服义务兵役的全日制普通高等学校在校学生，实施相应的学费补偿和国家助学贷款代偿，退役后复学的原高校在校学生实施相应的学费资助。高校中全日制普通本专科（含高职）、研究生、第二学士学位在读生，以及成人高校招收的普通本专科（高职）在读生（以下简称高校在校生）均可申请。在校期间已享受免除全部学费政策的学生，定向生、委培生，国防生以及其他不属于服义务兵役到部队参军的高校在校生不包括在内。

(3)为鼓励高等学校学生积极参加士官直招，提高部队士官人才质量，推进国防和军队现代化建设，财政部、教育部、总参谋部于2015年11月联合印发了《关于对直接招收士官的高等学校学生施行国家资助的通知》(财教〔2015〕462号)，决定自2015年起，对直接招收为士官的高等学校学生施行国家资助，入伍时对其在校期间缴纳的学费实行一次性补偿或获得的国家助学贷款实行代偿。国家资助直接招收为士官的高等学校学生是指直接从非军事部门招收为部队士官的全日制普通本专科(含高职)、研究生、第二学士学位的应(往)届毕业生，以及成人高校的普通本专科(高职)应(往)届毕业生；纳入全国高等学校招生统一考试、直接招录或选拔补充为部队士官的定向生。

221. 代偿办法中的中西部地区、艰苦边远地区以及基层单位是怎样规定的?

中西部地区是指西藏、内蒙古、广西、重庆、四川、贵州、云南、陕西、甘肃、青海、宁夏、新疆、河北、山西、吉林、黑龙江、安徽、江西、河南、湖北、湖南、海南等22个省(自治区、直辖市)。

艰苦边远地区是指除上述地区外，国务院规定的艰苦边远地区。

代偿办法中的中西部地区和艰苦边远地区的基层单位包含两类：

第一类是中西部地区和艰苦边远地区县以下机关、企事业单位，主要指乡(镇)政府机关、农村中小学、国有农(牧、林)场、农业技术推广站、畜牧兽医站、乡镇卫生院、计划生育服务站、乡镇文化站、乡镇企业等。县城中学、县城医院以及县政府派出街道(社区)等可以纳入补偿代偿申请范围。

第二类是工作现场地处中西部地区和艰苦边远地区县以下的

中央单位艰苦行业生产第一线，主要指气象、地震、地质、水电施工、煤炭、石油、航海、核工业等艰苦行业生产第一线。因上述行业分布广、地区跨度大和流动作业性强，工作现场可以包含中西部地区和艰苦边远地区县政府所在地。

对于化工、电力、航天、邮政、交通、机械制造、冶炼加工、土建施工、高新科技等艰苦行业生产第一线，补偿或代偿申请人应出具工作现场地处中西部地区乡镇以下的相关就业证明，即上述行业工作现场不含县政府所在地。

通信、金融、烟酒等行业不属于补偿代偿申请范围。工作单位或现场在县政府所属局委办等机关单位、地级市市辖区及以上城市所辖街道(社区)的，不在补偿代偿申请范围。

222. 学费代偿的金额是多少?

从 2014 年起，学费补偿和国家助学贷款代偿的标准，调整为本、专科学生每人每年最高不超过 8000 元，研究生每人每年最高不超过 12000 元。其在校学习期间每年实际缴纳的学费或获得的国家助学贷款低于最高标准的，按照实际缴纳的学费或获得的国家助学贷款实行代偿。学费或国家助学贷款的代偿申请实行两者就高原则，代偿的学费优先用于偿还国家助学贷款本金及利息。

223. 代偿的年限是如何规定的?

(1)国家对到中西部地区和艰苦边远地区县以下基层单位就业的获得学费或国家助学贷款代偿资格的毕业生，每年代偿学费或国家助学贷款总额的 1/3,3 年代偿完毕。

(2)对应征入伍服义务兵役获得学费和国家助学贷款本息代偿资格的毕业生，实行一次性代偿。

(3)高校在校生应征入伍前在校期间每学年实际交纳的学费或获得的国家助学贷款按照学费和国家助学贷款两者就高的原

则，实行补偿或代偿。获得国家助学贷款的高校在校生应征入伍后，国家助学贷款停止发放。退役复学后，可以按规定申请获得学费资助。每学年学费标准按照实际学费收费金额进行资助。学费补偿、国家助学贷款代偿和学费资助的年限，分别按照国家规定的相应学制年限标准据实计算。以入伍时间为准，入伍前应达到的学制规定年限，即是学费补偿或国家助学贷款代偿的年限；退役复学后应完成的学制规定年限，即是学费资助的年限。按照上述原则和金额，在学生入伍时实行一次性补偿或代偿；退役复学后学生学费资助，实行一次性申请、一次性审批，经费一次性拨付学校。

（4）对直接招收为士官的高等学校学生施行国家资助，入伍时对其在校期间缴纳的学费实行一次性补偿或获得的国家助学贷款实行代偿。

224. 申请代偿应该准备哪些材料？

（1）毕业生基层就业学费补偿贷款代偿

①《学费和国家助学贷款代偿申请表》（一式两份）。

②就业协议书复印件（包括参加中央有关部门组织实施的“大学生志愿服务西部计划”“农村义务教育阶段学校教师特设岗位计划”“选聘高校毕业生到村任职工作”和“三支一扶”等引导高校毕业生到基层就业的专门项目，按规定提供的相关协议或证明）。

③《山东大学（威海）代偿账户信息表》。

④由基层单位出具的能够证明申请人就业的工作岗位或实际工作地点符合中西部地区或艰苦边远地区县以下基层单位且服务3年以上的相关书面材料。

（2）毕业生应征入伍服义务兵役

①《应届毕业生预征对象登记表》。

②《应征入伍高校毕业生代偿学费代偿国家助学贷款申请表》（一式两份）。

③《应征入伍通知书》复印件。

④获得国家助学贷款者需提供还款计划书复印件。

(3)在校生应征入伍服义务兵役

①《应征入伍高校在校生学费补偿国家助学贷款代偿申请表》(一式两份)。

②在校期间获得高校国家助学贷款的高校在校生,还需要向学校提供与国家助学贷款经办银行签订的一次性偿还贷款计划书,其中应注明已申请国家助学贷款代偿;在校期间获得生源地信用助学贷款的高校在校生,还需要向学校提供本人签字的一次性偿还贷款计划书,其中应注明代偿经费将直接由学校或由学校通过贷款经办地县(市、区)学生资助管理机构向银行一次性代为偿还贷款。

③《入伍通知书》复印件。

退役复学后学费资助申请需准备材料:

①《应征入伍高校复学生学费资助申请表》(一式两份)。

②退出现役证书复印件。

(4)高校直招士官学生国家资助

①《直接招收为士官的高校学生学费补偿国家助学贷款代偿申请表》》(一式两份)。

②在校期间获得国家助学贷款的学生,需同时提供《国家助学贷款借款合同》复印件和本人签字的一次性偿还贷款计划书。

③《入伍通知书》复印件。

225. 对于需要二次定岗的毕业生,该如何申请学费代偿?

对经过"二次定岗"后才符合代偿资格的毕业生,在毕业前按以上程序提出申请,最迟于当年12月15日之前向学校提交相关证明材料,经学校评审后报全国学生资助管理中心审批。另外,申请材料中务必提供就业单位人事部门的电话,以便全国学生资助管理中心进行核实审核材料,一旦联系不畅,都有可能被认为材料不合格而失去资助资格。申请材料也要务必夹带学生个人的联系方式,以便学校及时通知是否获批。

226. 毕业生提交代偿申请材料后,应注意的问题是什么?

是否获得代偿,要以全国学生资助管理中心审批结果为准。在没有得到通知获批前,应继续按照助学贷款还款协议中的规定还款数及时还款,以防止产生不良的还款记录,这都会被记录到全国个人信用数据库,对以后个人发展带来不利影响。

227. 代偿获批后,工作未满3年,本人自动辞职或离岗,应该怎么办?

(1)及时与学校学生资助管理中心联系,书面申请取消学费和国家助学贷款代偿资助资格。

(2)学校将申请材料及时报全国学生资助管理中心,全国学生资助管理中心从当年开始停止对其学费和助学贷款代偿。以前获得的代偿费用,国家不再追回。

(3)助学贷款的毕业生需与银行重新签订贷款还款协议,由毕业生自己偿还余下的贷款本息。

(4)就业单位凭与银行重新签订的还款协议或者学校出具的停止继续代偿学费的通知后,方可为其办理离职手续。

对于不及时向高校提出取消学费和国家助学贷款代偿资格的申请,不与银行重新签订还款计划书、提前离岗的高校毕业生,一律视为严重违约,取消其以后年度代偿资格并停止代偿,国家有关部门要将其不良记录及时录入国家金融统一征信平台相关数据库。

228. 申请学费补偿或助学贷款代偿程序是什么?

(1)毕业生基层就业学费补偿贷款代偿

①学生申请。每年6月10日前向所在学院提出代偿申请并

填写《学费和国家助学贷款代偿申请表》，提交相关资料。

②学院审查。各学院分别对本科生、研究生提供相关资料的真实性进行审查，由分管院领导签署意见并加盖公章。

③就业创业指导中心审核。对于参加中央有关部门组织实施的到基层就业的专门项目，无须签订就业协议书，但可提供的相关就业证明材料，由就业创业指导中心审核确认，并在证明材料上加盖公章。

④财务处审核。财务部门对学生在校期间实际交纳学费及获得国家助学贷款的情况进行审核，签署意见并加盖公章。

⑤递交材料。申请学生于每年6月20日前将《学费和国家助学贷款代偿申请表》、就业协议书复印件及相关材料报学生资助管理中心。

⑥学校评审上报。由学生资助管理中心对毕业生申报材料进行审核，确定拟推荐代偿学生名单。每年6月30日前，由学生资助管理中心将学校拟推荐代偿学生名单及材料上报全国学生资助管理中心审批。

对经过“二次定岗”后才符合代偿资格的毕业生，在毕业前按以上程序提出申请，最迟于当年12月15日之前向学校提交相关证明材料，经学校评审后报全国学生资助管理中心审批。

(2)应征入伍服义务兵役

①应征报名的高校学生登录大学生征兵报名系统，按要求在线填写、打印《高校学生应征入伍学费补偿国家助学贷款代偿申请表》(一式两份，以下简称《申请表》)并提交学校学生资助管理部门。在校期间获得国家助学贷款的学生，需同时提供《国家助学贷款借款合同》复印件和本人签字的一次性偿还贷款计划书。

②学校相关部门对《申请表》中学生的资助资格、标准、金额(如有生源地信用助学贷款，学校应联系贷款经办银行或贷款经办地县级学生资助管理机构确认贷款金额)等相关信息审核无误后，

对《申请表》加盖公章，一份留存，一份返还学生。

③学生在征兵报名时将《申请表》交至入伍所在地县级人民政府征兵办公室（以下简称“县级征兵办”）。学生通过征兵体检被批准入伍后，县级征兵办对《申请表》加盖公章并返还学生。

④学生将《申请表》原件和入伍通知书复印件于9月30日前寄送至学校学生资助管理中心。

⑤学校上报。学校将相关材料报全国学生资助管理中心审批。

⑥全国学生资助管理中心在收到高校报送的材料后进行备案和审核，确定当年应征入伍高校在校生享受学费补偿和国家助学贷款代偿政策的最终名单，下发审批名单，拨付资金。

(3)高校直招士官学生国家资助

①学生登录“全国征兵网”（网址：http://www.gfbzb.gov.cn/），点击“直招士官报名”，完成用户注册并登录报名页面，补填相关信息后，直接打印《直接招收为士官的高校学生学费补偿国家助学贷款代偿申请表》（一式两份，以下简称《申请表》）并邮寄给学校学生资助管理部门。在校期间获得国家助学贷款的学生，需同时提供《国家助学贷款借款合同》复印件和本人签字的一次性偿还贷款计划书。

②学校收到《申请表》后，对《申请表》中学生的资助资格、标准、金额等相关信息审核无误后，在《申请表》相应栏加盖公章，一份留存，一份返还学生本人或其委托人。

③学生本人或其委托人将《申请表》交至入伍所在地县级人民政府征兵办公室，县级征兵办核实入伍情况后，对《申请表》加盖公章并返还学生本人或委托人。

④学生本人或其委托人将《申请表》原件和入伍通知书复印件，寄送至原就读高校学生资助管理部门。

⑤原就读高校学生资助管理部门在收到《申请表》和《入伍通

知书》复印件后，对各项内容进行复核，符合条件的，及时向学生进行学费补偿或国家助学贷款代偿。

229. 退役复学的学生如何申请学费资助？

（1）退役复学的原高校在校生，到学校报到后向学校提出学费资助申请，填写并提交《应征入伍高校复学生学费资助申请表》和退出现役证书复印件。持该表至财务处填写财务部门审核意见，并加盖财务公章，之后交至学生资助中心。

（2）学校在收到上述材料后，会同高校所在地县（市、区）人民政府征兵办公室对学生申请资格进行认定。确认无误后，按照隶属关系，将《应征入伍高校复学生学费资助申请表》及退出现役证书复印件在规定时间内按年度分别报各省（区、市）学生资助管理中心和全国学生资助管理中心审核。

（3）全国学生资助管理中心在收到高校报送的材料后进行备案和审核工作，确定当年退役复学的学生享受学费资助的最终名单以及具体金额。审批结束后，下发审批名单，拨付资金。

230. 退役士兵教育资助的内容是什么？

一是学费资助；二是家庭经济困难退役士兵学生生活费资助；三是其他奖助学金资助。

231. 退役士兵教育资助的标准是什么？

学费资助标准，按省级人民政府制定的学费标准，原则上退役士兵学生应交多少学费中央财政就资助多少，本科生最高不超过年人均 8000 元，研究生最高不超过年人均 12000 元，高于部分自行负担。生活费及其他奖助学金资助标准，按国家现行高校学生资助政策的有关规定执行。

232. 退役士兵教育资助的方式是什么？

学费由中央财政按标准和隶属关系补助退役士兵学生所在学校，生活费及其他奖助学金直接补给退役士兵学生本人。

每学年开学初申请当年的学费资助。

233. 代偿的经费如何发放到符合条件的学生手中？

在接到全国学生资助管理中心正式批复后，学校将及时通过学工网站或电话予以公布。经全国学生资助管理中心审批获得代偿资格者，学校收到代偿资金后将代偿资金代为偿还给国家助学贷款经办银行或者返还给学生本人（包括学生本人已偿还的国家助学贷款本息）；对未获得批准代偿资格的学生或已批准但拨款未发放之前仍需按原还款计划继续还款。

234. 获得第一年代偿后，学生还需做什么？

对到中西部地区和艰苦边远地区县以下基层单位工作已获得第一年代偿的毕业生，需在学校学生处网站下载并填写《代偿毕业生在职在岗调查表》，在代偿期内于每年 5 月 30 日前寄回学校学生资助管理中心，由学校核实并将在职在岗情况报全国学生资助管理中心审核，方可继续享受代偿。

235. 对于因个人原因被部队退回，毕业生已获代偿的经费要被收回吗？

高校毕业生因本人思想原因、故意隐瞒病史或违法犯罪等行为被部队退回的，要取消其补偿学费和代偿国家助学贷款的资格。已获代偿资金由毕业生户籍所在地县（市、区）教育行政部门会同同级征兵办公室收回，并逐级汇总上缴至全国学生资助管理中心。

第八章　保险理赔

236. 我校为学生购买的保险有哪些？

根据《威海市教育局、威海市人力资源和社会保障局关于切实做好在校学生基本医疗保险工作的通知》，我校为所有在校大学生（研究生）购买了威海市居民基本医疗保险。同时，为了更大限度地保障学生利益，又为全体学生参保了商业保险作为补充，解决了大学生在校期间的医疗保障问题。

237. 医疗保险资金如何筹集？

按规定，大学生参加居民基本医疗保险的交费标准为每人每年 120 元，商业保险每人每年 42 元。这些费用都由学校筹集交纳，解除了学生和家庭的后顾之忧。

238. 学生参加居民基本医疗保险和商业保险可以获得哪些保障？

学生参加居民基本医疗保险可享有的保障包括普通疾病门诊医疗、普通门诊慢性病医疗、特定门诊慢性病医疗和住院医疗四个方面（其中普通门诊慢性病病种确定为 61 种，特定门诊慢性病病种确定为 12 种）。

商业保险医疗保障包括意外伤害门诊医疗和住院医疗两方面。

239. 学生因病休学、实习、见习、寒暑假期间是否享受医疗保险待遇?

学生医疗保险待遇按年度计算,所以这些情况可以享受医疗保险待遇。

240. 学生因为病情需要到外地就医的,医疗保险是怎样规定的?

(1)学生在校期间经批准转往市外医疗机构住院的医疗费用,居民基本医疗保险基金按照异地就医管理办法予以支付后再由商业保险公司按规定理赔。

(2)学生在校期间未经批准转往市外医疗机构住院的医疗费用,居民基本医疗保险基金不予支付,只能由商业保险公司按规定理赔。

(3)学生休学、实习、见习和寒暑假期间在本市以外(除实习、见习,其他情况只限学生在原户籍地住院)发生的符合规定的住院医疗费用,居民基本医疗保险基金按照异地就医管理办法予以支付后再由商业保险公司按规定理赔。

(4)学生在异地发生的意外门诊费用由商业保险公司按规定理赔;普通门诊费用门诊统筹基金不予支付。

241. 住院起付标准是怎样规定的?

住院起付标准是指居民基本医疗基金支付之前,按规定应由个人先负担一定数额的医疗费用。超过起付标准以上的医疗费用,由医疗基金和个人按规定比例支付。低于住院起付标准的费用由商业保险公司按规定理赔。

(1)一级医院 300 元。

(2)二级医院 500 元。

(3)三级医院800元。

在一个自然年度内,学生第一、二次住院设起付标准,自第三次住院起不设起付标准。

242. 普通门诊慢性病和特定门诊慢性病的鉴定时间和地点有什么规定?

普通门诊慢性病准入鉴定工作,每年第四季度展开一次,特定门诊慢性病准入鉴定工作每月组织一次;由参保地医疗保险经办机构按照就近便利的原则,指定定点医疗机构组织实施。

243. 不同情况的操作流程是什么样的?

(1)住院:办理住院手续之前出具身份证开通居民基本医疗保险,出院时直接在医院报销一部分费用,之后备齐所需资料由商业保险公司按照规定理赔。居民基本医疗保险和商业保险理赔总额不能超过学生花费的总额。

(2)意外伤害门诊:备齐所需资料由商业保险公司按规定理赔。

(3)普通疾病门诊:备齐所需资料由门诊统筹基金统一支付。

(4)门诊慢性病和特定门诊慢性病:在医院登记备案后,直接在医院报销。

244. 门诊费用报销需要准备什么材料?

(1)意外伤害门诊:门诊病历、门诊发票、门诊费用清单、放射报告、诊断证明书、身份证复印件和中国银行卡复印件各一份(其中身份证和银行卡的复印件需要正反两面复印在一张纸上)。

(2)普通疾病门诊(包括异地住院前的门诊费用):门诊病历、门诊发票、门诊费用清单、检查报告。

245. 住院费用报销需要准备什么材料?

(1)本地住院在医院报销完毕后,需再准备住院病历、住院发票、住院费用总清单、居民基本医疗费用统筹结算单、诊断证明书、身份证复印件,中国银行卡复印件各一份,由商业保险公司按规定理赔(其中身份证和银行卡的复印件需要正反两面复印在一张纸上)。

(2)休学、实习、见习、寒暑假期间或经批准同意在异地住院的需准备好住院病历、住院发票、住院费用总清单、诊断证明书、身份证复印件和中国银行卡复印件,分别由居民基本医疗保险基金处和商业保险公司按规定理赔(其中住院病历、住院发票、住院费用总清单和身份证复印件需要一式两份,其他材料一式一份,且身份证和银行卡的复印件需要正反两面复印在一张纸上)。

(3)休学、实习、见习、寒暑假期间不在规定地点就医或者未经批准转往异地就医的需准备好住院病历、住院发票、住院费用总清单、诊断证明书、身份证复印件和中国银行卡复印件各一份,由商业保险公司按规定理赔(其中身份证和银行卡的复印件需要正反两面复印在一张纸上)。

附件1:威海市居民基本医疗保险门诊统筹病种名单

(1)普通门诊慢性病(61种)

冠心病,肺心病,脑出血及脑梗死恢复期,椎—基底动脉供血不足,高血压病,类风湿病,糖尿病患者非胰岛素治疗,结核病抗结核治疗,甲状腺功能亢进,甲状腺机能减退,肥厚性心肌病,血小板减少性紫癜,过敏性紫癜,先天性心脏病,风湿性心脏瓣膜病,心脏手术后抗凝治疗,癫痫,精神病(含抑郁症),慢性肾功能不全,慢性肾炎,肾病综合征,慢性肺纤维化,慢性支气管炎,支气管哮喘,痛风,结石病,慢性结肠炎,胃及十二指肠溃疡,前列腺肥大,慢性前列腺炎,慢性盆腔炎,慢性附件炎,更年期综合征,股骨头缺血性坏死，肢端坏疽，创伤性关节炎，颈椎病，腰椎间盘突出症，银屑病，白癜风，帕金森氏病，脑垂体瘤，进行性延髓麻痹，重症肌无力，柯兴氏综合征，神经性耳聋，尿崩症，原发性醛固酮增多症，原发性神经性肌萎缩，脑白质多发性硬化，骨髓异常增生综合征（MDS），真性红细胞增多症，原发性血小板增多症，溶血性贫血，骨髓纤维化，白塞氏病，皮肌炎，硬皮病，脂膜炎，结节性多动脉炎。

(2)特定门诊慢性病（12种）

恶性肿瘤门诊放化疗，慢性肾衰竭门诊透析，器官移植手术后抗排异，慢性肝炎药物治疗，肝硬化，糖尿病患者胰岛素治疗，重性精神病人药物维持治疗，系统性红斑狼疮（SLE）药物治疗、白内障门诊手术医疗、苯丙酮尿症、再生障碍性贫血、血友病。

附件2：威海市区居民基本医疗保险定点医疗机构名单

威海市立医院　威海市中医院
威海市妇女儿童院　解放军第四〇四医院
威海卫人民医院　威海市肿瘤医院
威海市经区医院　威海市口腔医院
威海市传染病医院　威海市光华医院
威海市海大医院　威海市迪康医院
威海市金海湾医院　威海市康宁医院
威海市国安医院　威海现代妇产医院
威海临港区人民医院　威海市环翠区结核病防治所
环翠区妇幼保健院　威海市孙家疃医院
威海市羊亭医院　威海市温泉医院
威海市张村医院　威海市桥头医院
威海市泊于医院　威海市崮山医院
威海市莱迪医院　威海市初村医院
威海市汪疃医院　威海市苘山医院
威海市北郊医院　威海市草庙子医院

第九章　心理健康

246. 我校心理健康教育的三级机制是什么？

我校心理健康的三级机制主要由心理指导中心、学院心理辅导站和班级心理委员构成。

心理指导中心负责全校学生心理健康教育的全面工作。主要面向全校学生开设心理健康、心理素质培养以及团体心理辅导等相关通选课程；对新生进行心理普查、建立心理档案；免费为我校师生提供心理咨询服务；组织培训心理辅导站老师和班级心理委员；组织全校性心理专题讲座、举办大型心理健康宣传活动；开展学生心理危机干预和预防工作；督导学院心理辅导站的心理健康教育工作。

学院心理辅导站主要负责本学院学生的心理健康教育工作。包括接待日常的学生心理咨询、开展心理健康教育宣传、培训本院的心理委员、组织开展心理健康教育活动和进行学生心理危机预防与干预等。

班级心理委员主要负责本班同学的心理健康工作。包括定期向本班同学宣传心理学常识、心理健康知识，组织心理主题班会活动；发现、初步鉴别本班心理异常的同学，向同学提供去学院心理辅导站或心理指导中心做心理咨询的建议和信息；在保密的前提下向学院心理辅导站或心理指导中心反映同学的情况；发现同学中的心理危机情况应立即向学院心理辅导站或心理指导中心报告。

247. 怎样去心理指导中心咨询？

当你有无法解决的心理困扰，想找心理指导中心的心理咨询师咨询时，按照如下步骤即可进行咨询。

(1)预约(微信平台、电话、邮件或当面约定)你想与之沟通的心理咨询师，并商定咨询的时间和地点。心理指导中心的咨询预约微信平台：sduwhxsc2015，电话为：5688323，咨询预约邮箱：psycoun@wh. sdu. edu. cn，办公室地点：知行楼 119 室。

(2)按时到预约的地点。

(3)填写《山东大学(威海)心理指导中心咨询登记表》[注：你所填的《山东大学(威海)心理指导中心咨询登记表》完全保密，只在心理指导中心存档]。

(4)正式咨询(每次 50 分钟左右)，一次咨询未完可预约下次咨询。

请注意：工作时间是周一至周五：8：30～11：30 和 14：30～17：30。如有特殊情况，可不受此时间限制。

248. 班级心理委员是如何产生的？

心理委员作为班委成员之一，其产生办法和任期与其他班委成员不同，这是由心理委员工作职能及其自身特点决定的。

心理委员是一个直接与同学进行心灵互动的职位。担任此职的成员首先要具有“助人、奉献、热情、主动”的基本特质。“助人”即乐于帮助其他同学，特别是从心理上去关心帮助其他同学，这是对心理委员的第一要求，也是对心理委员的最基本要求；“奉献”即具有无私奉献的精神；“热情”就是要求心理委员能够满腔热情地投入到关心帮助同学的工作之中；“主动”就是要求心理委员能够自觉观察周围同学，主动体察同学的情绪情感变化。

基于此，心理委员按照“个人自愿、班级推荐、辅导员考察、咨询师培训”等环节产生。

心理委员一旦产生后，便作为班委成员之一参与班委的活动，接受班委的约束，不能因为产生原则的特殊性而游离于班委之外。

为了保持心理委员工作的连续性，心理委员在班委换届时不同时换届，可以继续留任。但确实因为学习原因、时间、精力或者其他个人因素变化而不能继续留任的，可以向班委或所在学院的心理辅导员提出辞职申请，经批准后，即可辞职。同时要求做好与新接任的心理委员之间的工作交接，充分保证本班心理委员工作的连续性。

对个别不合格的心理委员，实行二级否决制，即在“班级多数成员”“主管辅导员”这两个层级中任何一级认为某心理委员不适合继续担任此职务时，都可以对其进行免职。被免职的心理委员同样要求做好与新接任的心理委员之间的工作交接，确保本班心理委员工作的连续进行。

无论是辞职的心理委员，还是被免职的心理委员，都要继续做好曾经所接触案例的保密工作。

249. 班级心理委员工作的基本要求有哪些？

(1)积极参加培训，不断充实自己的心理学知识，以提高心理服务能力。

(2)努力学习心理学相关知识，用积极乐观的心态去引导其他同学，力所能及地运用心理学知识疏导同学的不适和困惑。

(3)参加学校和学院召开的心理委员会议，并将会议有关精神传达给同学。

(4)组织班上各种形式的心理健康知识的宣传工作，定期开展心理主题班会活动，并作好相应的总结和记录。

(5)积极参加各项有关心理健康方面的活动,认真完成心理指导中心、学院心理辅导站和学生心理委员工作站安排的有关工作。

(6)对心理上有重大困惑的同学,要帮助、劝说、陪同其到心理指导中心获得相应的帮助。

(7)及时做好信息反馈。发现有心理障碍,并有可能出现偏激行为的同学要迅速及时上报给学院辅导员或心理指导中心,以便做出有效的应对。

(8)保守同学的秘密。

250. 大学生心理健康的标准是什么?

我国的心理学界普遍认为,判断一个大学生的心理是否健康,应从以下几方面来衡量:

(1)能进行正常的学习、工作和生活,并保持在一定的能力水平上。

(2)情绪基本稳定,对事物反应敏捷,心境持久地处于轻松愉快状态。

(3)能与同学、老师或他人保持良好的人际关系,与人为善,团结互助。

(4)行为符合社会群体要求,与大学生的角色身份相称。

(5)人格完善,能客观地评价个人及外界,意志坚强,言行一致。

(6)与大多数人的心理意向一致,热爱集体,有浓厚的社会交往欲。

(7)有良好的适应能力及对紧急事件的应变能力。

(8)有一定的安全感、信心和自主性,而不是逆反状态。

(9)心理特征符合自己的年龄水平,个人理想与实现的可能性之间的距离是可望可即的。

(10)能适应快节奏的时代变化,有高效率的学习质量,精力充沛,自我感觉良好。

虽然有以上十条心理健康的参考标准，但是，在具体判断大学生的心理是否健康时，还应该因人、因时、因事作具体分析。有些人的个性、思想认识和行为是符合客观事物发展规律的，就是正常的、健康的。有时候由于受到某些条件的限制，一时不被人们理解和接受的，随着历史的发展和科学的进步，最终可能会被人们理解和接受的，也不能称为“心理不健康”。

251. 大学生怎样克服不适或迷茫的心理？

在我们的一生中，不断会遇到环境改变和适应的问题。同学们从中学来到大学，从故土家乡来到一个陌生的城市，其中肯定会有许多的不适应。在中学时，生活、学习一切都由家长、老师安排，学习目标明确，每天的生活井然有序，而且那里有温暖的家庭，亲密的同学，熟悉的乡土环境。而到了大学，新的人际关系还没有建立起来，新的学习目标还没有确立起来，新的学习方式还没有形成，所有的生活要靠自己独立安排，而且一下子没有了往日亲人、同学、老师的关心、理解和支持，同学们相互之间还缺乏和谐的沟通，也正因为此，陌生感和失落感油然而生，产生了回头看过去，思念家乡、留恋中学、怀念旧友，产生多愁善感的心态。这种暂时的心灵阻隔和无从依赖的处境，使许多同学感到不顺心、不温暖、不适应，有的甚至寝食不安。

实际上，主动适应环境是每个人随着成长都必须面对的问题。环境不是为了适应人而存在的，我们不能适应环境就难以得到很好的生存、发展。走进大学是同学们独立学习适应环境的开始，就像做任何事情都有一个过程一样，对于大学生活也必然经历一个从不适应到逐渐适应的过程，为了帮助同学们克服不适应和迷茫的心理，我们建议大家做到：

(1)重构目标体系，激发学习动机

为了克服大学生的迷茫心理，当务之急是要帮助学生确立新的奋斗目标，培养积极向上的人生观。教育学家王夫之说："立志则学思从之，志之笃，则气从其志，以不倦而日新。"这句话告诉我们，只有立定志向，才能去认识事物，从事学习；只有立下大志，才能获得高深而丰富的知识和本领；只有立下坚定志向，才能有所发展，不落俗套。为了提升对专业的学习兴趣，大学新生应通过专业老师、师兄师姐了解专业的研究对象、发展前景和当前国内外发展现状，从而制定适合自己的专业学习规划。

(2)积极调动学生主观能动性，让学生尽早适应大学生活

大学无论是学习方式还是生活方式与中学相比都有很大的差异，其显著特点是自律。大学的课程虽多，但课时少，学生自由支配的时间多，课余生活丰富，这并不意味着大学的学习任务就轻。新生从高中进入大学、一下子很难适应大学这较为自由宽松的学习氛围。因此，新生应学习：一是探索合适的学习方法，做到循序渐进，学思结合、学问结合、专博结合；二是合理利用学习过程中的每一环节，促进学习效率和质量的提高；三是学会科学地、合理地安排好学习时间，处理好学习与兴趣发展、学习与社团活动的关系。面对网络的诱惑，能做到适可而止。

(3)正确认识自我、优化自我，建立和谐的人际关系

大学生要赢得老师和同学们的关注，除了学习之外还得在社交、组织、社会实践等综合能力方面较为突出。因此，新生入学后一方面要明确大学教育的培养目标；另一方面要重新认识自己和周围的人，调整自己的心态，确立自己在班级、学校的新角色、新位置。大学生应利用各种机会，主动参与学校的各项活动，积极参与交流，在活动中有意识、有目的地培养社交能力，克服羞涩心理。也可以主动与同寝、同乡建立起联系，加强相互之间的沟通与交流；通过书信、网络、电话等方式经常与家人、故友联系，汇报自己在新的环境中遇到的一些情况，以解思念之苦。

最后，把自己每天应该做的事情做好计划，尽量让自己充实起

来，并为自己独立做了每一件事情而感到高兴。

252. 大学生如何科学地调适学习心理？

把大学生的学习心理引导到科学有序的发展轨道上是每一个教育工作者和大学生的共同任务。做好这方面的工作，重点要做到以下几个方面：

(1)帮助解决好角色定位的问题

其一，大学生必须完成角色内规定的全部使命——学习内容；放弃单一的专业知识的学习，应该在学好本专业课的基础上，拓宽学习的内容，并在实践中检验所学的内容。其二，大学生必须完成走向社会的社会角色心理转变。积极投身于社会实践活动，努力把自我塑造成对社会有用的人才。

(2)激发学习动机

强烈的内在学习动机是持续学习的不懈动力，大学生通过树立远大的理想和抱负使学习具有稳定和持久的动力；大学生强烈的求知欲和浓厚的认知兴趣会产生对学习的不断追求。另外，大学生还应通过降低与学习无关的活动来间接地提高起学习动机。为了让学习的动力更持久，大学生还应该不断地通过自我激励来提升学习动机。

(3)尝试多种学习方法，找到适合自己的学习技巧

好的学习方法是高效学习的保证，同时，也是对学习者自信心的激励，能提升大学生的学习动力。注意劳逸结合、科学用脑，学习他人高效的学习方法，探寻自己的学习规律，摸索出适合自己的行之有效的学习方法。

(4)正确对待学习分数

学习的目的不是为了分数，而是为培养自己的能力。分数是评价学习的一个标准，但不是绝对唯一的标准。在学习中能发现问题，科学地解决问题，能把所学用于高效地解决实际问题也是学

习好的体现。大学生应在学习中努力提升自己的实践能力、动手能力、科研能力，不要被学习的分数困扰。

此外，诸如提前预习，明确学习目标；创设问题情境，启发自己积极思维；提倡自我竞赛，不断超越自我；加强与同学间的讨论等措施都有利于调适学生的学习心理。

253. 大学生怎样养成良好的生活学习习惯？

生活习惯代表着个人的生活方式。良好的生活习惯不仅能促进个人的身心健康，而且对人的未来发展有间接的重要作用。

大学生精力旺盛，又处于长身体、长知识的阶段，良好的生活习惯是确保顺利、成功度过大学阶段的一个重要基础。为了达到身心健康的目的，从一进大学起，就该切实重视这个问题，培养良好的生活习惯，并防止不良生活习惯的形成。

首先，要合理地安排作息时间，形成良好的作息制度。因为有规律的生活能使大脑和神经系统的兴奋和抑制交替进行，天长日久，能在大脑皮层上形成动力定型，这对促进身心健康是非常有利的。大学新生应养成早睡早起的习惯，有的同学习惯在晚上卧谈，天马行空地一谈就是两三个小时，结果第二天上课的时候非常疲惫，根本无心听课。长期如此，不仅影响平时的课业学习，而且还容易引起失眠，甚至引发神经衰弱症。研究表明，大学生的睡眠时间一般每天不得少于7个小时。如果条件许可，午饭后可以小睡一会儿，但最好不要超过40分钟。

第二，要进行适当的体育锻炼和文娱活动。“文武之道，一张一弛”。学习之余参加一些文体活动，不但可以缓解刻板紧张的生活，而且还可以放松心情，增加生活乐趣，反而有助于提高学习效率。听音乐、跑步、做广播体操、打球等等都有助于增强体质，提高对疾病的抵抗力，这是一种积极的休息。实践证明：7＋1＞8。在这里，“7＋1”表示7个小时的学习加上1个小时的体育文娱活动，

“8”表示 8 个小时的连续学习。也就是说，参加体育活动的 7 个小时学习比不参加体育活动的 8 个小时学习效果要好。

第三，要养成良好的饮食习惯。大学生“饮食不良”现象主要表现饮食不规律，很多人早晨起床较晚，来不及吃早饭便去上课，有的索性取消了早饭，有的则在课间饿的时候随便吃些零食。也有些学生由于学习或其他原因错过了开饭时间，于是就吃点饼干、方便面来对付。营养学家们的研究证明：早餐吃饱、吃好，对维持血糖水平是很必要的；用餐时不能挑食偏食，各方面的营养要全。

第四，要养成良好的学习习惯。经过激烈的高考走进大学，是人生一个重大转折，出现许多与高中生活不同之处。但大学中最重要的内容仍然是学习，只不过学习的内容更加宽泛，学生的自主性增强。大学是走向社会前最后一个专门学习的阶段，学习任务非常重要，希望同学们认真思考、准确把握，充分利用学校的学习环境和学习条件，为自己的将来做好充分准备。

254. 大学生应如何加强自我认知的培养？

自我认知在人的心理健康中起着很重要的作用，它制约着人格的形成、发展，具有强大的动力功能。自我认知的全面、深刻是促进大学生心理健康的有效途径。大学生全面深刻的自我认知的培养应从以下几方面入手：

(1)客观地认识自我

客观地、全面地认识自我是消除自我认知障碍的基础。如果一个人对自己的智力、人格以及社会地位、经济地位有一个较全面、客观的认识和评价，就能取长补短、扬长避短，发展自己、完善自己。首先，要正确认识自己的优缺点。人无完人，人各有所长，也各有所短。在自我认识过程中，不能只看到自身的优点，忽视或故意掩饰自身的缺点；也不能只看到自身的弱点，回避或拒绝发现自身的优点。只有正确地认识自己，经常把自己作为观察和思考的对象，严于解剖自己，经常反省自己，敢于批评自己，当然也要敢于肯定自己，这样才不至于自以为是或自暴自弃，才能取人之长补己之短。其次，要正确运用比较。比较是自我认知的一种重要的方法，有的人往往以自己的长处与别人的短处相比，或是与各方面都劣于自己的人相比较，结果越比越自傲。而有的人往往以自己的短处与别人的长处相比，或是与各方面都优于自己的人相比较，结果越比越自卑。正确的比较应是双向比较，既与比自己优秀的人比，也与比自己差或相似的人比。比较时不能就事论事，不能以偏概全，不能以某一时、某一事作为唯一的衡量标准，而应进行全方位的比较。

(2)正确地对待自我

一个人恰当的自我态势，是正确对待自我的基础。自傲的人常常自我炫耀，以居人之上而压倒别人，这很容易使人反感，成为"众矢之的"。自卑的人常常怀疑自我，不敢积极主动地面向别人，容易使人感到懦弱，成为"被遗忘的角落"。恰当的自我态势应是谦虚。谦虚是一种良好的道德品质和性格特征，谦虚者在评价自身时，虽不炫耀自己，但因有较强的自信心支持，也不怀疑自己。有了自信心，大学生才不至于一时"天生我材必有用""天将降大任于斯人"，一时又"我是一只小小鸟，想要飞怎么也飞不高"。

(3)有效地控制自我

自我控制是消除自我认知障碍的主要手段。屠格涅夫曾说过："劝那些刚愎自用的人，说话前要多想，在舌头上多绕几圈。"自傲、虚荣的人如果总是以位高自居、以貌美自赏、以才多自炫，对别人尖酸刻薄、出言不逊，自然会失去别人的尊重和信任。因而这种人应当有意识地控制自己，说话前在舌头上多绕几圈。自卑的人应经常进行积极的自我暗示，自我鼓励，相信事在人为。当面临某种情况感到信心不足时，不妨自己给自己壮胆："我一定会成功！一定会的。"或者不妨自问："人人都能干，我为什么不能干？"如果你怀着豁出去了的心理去从事活动，事先不过多地体验失败后的情绪，就会产生信心。例如，一位有严重自卑心理的大学毕业生，在同学的劝导之下报考研究生，临考的前一天，自卑感达到了极点，躺在床上苦苦地想象着下一天自己从考场走出来那灰溜溜的样子，体验着落榜后灰暗绝望的心情，消极的心理几乎使他放弃了第二天的考试。但进了考场以后，他想，现在再悲观也无济于事，豁出去啦！这样一来倒使自己增加了自信心和勇气，紧张也消失了，能力得到了充分的发挥，竟然在数十名竞争者中夺得第二名。自己用行动证明了自己并不比别人差，自卑感也大大减轻了。

255. 如何看待自己不再"出类拔萃"？

高中时，你的学习成绩总在班里名列前茅，是学习尖子，三好学生。作为班级和家庭的中心，你享受着家长的宠爱、老师的青睐、同学的羡慕，生活是令人满足和舒心的，自我感觉也越来越好。而进入大学以后，成绩开始亮起了红灯，没有了以前的优越感。这时，作为大学新生的你该怎么办呢？

作为一名刚刚步入大学生行列的你在大学校园里生活一段时间之后，你会惊讶地发现自己早已不再是高中时处处占尽先机的风云人物，原来不平凡的自己失去了往日引人注目的地位。如今，到处都是比自己强的人，山外有山，人外有人，自己的身边卧虎藏龙，强手如林，自己正被别人一步一步地超越：原来的踌躇满志彻底丧失了。这措手不及的变化，使陶醉在昨天辉煌中的你必须面对现实，理想中的自己和现实的自己拉开了距离，失落感袭上心头。

失落的原因有许多种，一方面是自己的知识面相对较窄，知识背景不够广博，高中时的优势已不复存在；另一方面是有许多同学在高中时担任过学生干部，是众人注目的焦点。升入大学后，由于种种原因，只有少数人可以当学生干部，而相当多有一定组织能力的学生就只能做一名普通学生了，有些同学对这个问题心理反差是很大的。看着别人风风火火地开展工作，不免生出怀才不遇的感觉。

不再出类拔萃，仅仅是因为你周边的“参照系”不同了。因此，你完全不必为此而自卑，因为你并不是一无是处。也许在某个方面你不如某人，但在另一个方面你也有自己的特色；也许在总体上你不如某人，但在某些方面你还是超过了他；也许在这个阶段你不如某人，但到了另一个阶段你又超过他了；同理，你在某个方面、某个阶段超过某人，也不意味着你将处处超过他，时时超过他。

人不要总与别人攀比。一个人最重要的是不断发展自己，超越自己，而不是不停地与他人作比较，即使你超过了某人，这又如何？世上比你更高、更强的人还有许多许多。

因此，你要及时地调整好自己的心态，回归到自己为大学生的定位中去，积极地学习，扩展自己的知识、视野，每天不停顿地一步一步地向前走，你就会重新找回失落的自信。

256. 大学生怎样保持并创造快乐情绪？

人作为“万物之灵”不仅具有改变不良情绪的能力，还有保持和创造快乐的能力。要想保持快乐情绪，应从以下几方面努力：

(1)知足常乐

知足常乐的秘诀在于把理想和需要定得切合实际，增加获得成功体验的机会。冰心告诉我们：“事因知足心常乐，人到无求品自高。”

(2)增强自信心

自信心是获得愉快情绪的基本条件。培养自信可从一些擅长的小事情着手，全面客观地与“优秀”的人比较。

(3)创造快乐

善于用微笑迎接困难，从战胜困难的努力中发现自己的价值和能力，从而肯定自己；还要善于从平凡的琐事中发掘乐趣，体验生活的真谛。

(4)多点宽容，少点责备

宽容别人就是善待自己，责备别人就是拿别人的错误惩罚自己。

(5)多交朋友

把你的快乐和朋友一起分享你的快乐就增加一倍，把你的痛苦告诉朋友，你的痛苦就减轻一半。

257. 大学生如何解脱和调整情绪困扰？

大学生处于各种生活压力之中，产生消极情绪是难免的。问题在于如何面对这些情绪反应。心理学家认为，以下几种调适情绪的方法是行之有效的。

(1)改变认识角度

美国临床心理学家艾里斯(A. Ellis)在 20 世纪 50 年代创立的被称为“理性—情绪疗法”的 RET 理论认为，情绪困扰并不一定是由诱发性事件直接引起的，常常是由经历者对事件的非理性的解释和评价所引起的。如果改变了非理性观念，调整了对诱发事件的认识和评价，领悟到理性观念，情绪困扰就消除了。实际生活中的许多情绪困扰的确如此，从非理性的角度去认识某一事物，使我们恨恨不已；换个角度去认识，理性一些去认识，我们便会豁然开朗。

(2)难得糊涂

所谓“难得糊涂”，是说对一些无关大局的非原则性的外部刺激，在思想认识上要模糊一些；在心理感受上要淡化一些；对待失败、挫折，要坦然处之，不要斤斤计较、耿耿于怀。这种忽略不愉快事情发生的做法，能够使自己在心理上建立起有效的防御体系，使自己不在鸡毛蒜皮之类的纠纷中耗费精力，而在大的目标上取得成功。大事化小、小事化了的这种超然处世的态度，显示出一个人的气度、自信和修养，需要有意识地经常地加以培养。

(3)合理宣泄

人的情绪处于压抑状态时，应该加以合理的宣泄，这样才能调节机体的平衡，缓解不良情绪的困扰和压抑，恢复正常的情绪情感状态。例如，遇到失败和挫折，内心苦闷难忍时，畅快地哭一场，或者找人诉说一通，都是缓解情绪压抑的好办法。有的同学产生压抑情绪后，不愿讲出来，不作合理的宣泄，压抑时间持续久了，往往形成潜意识的变态心理，造成严重的后果。长久处于压抑状态的人，其思辨能力和理智感下降，不能灵活地处理问题，如得到他人开导，可能会茅塞顿开，心地豁然开朗。因此，选择自己信任的老师、同学、老乡、恋人或心理咨询人员作为倾吐对象，就会逐渐感到精神愉悦，消极情绪压力减小。

(4)情绪转移

当出现不良情绪反应时，头脑中有一个较强的"兴奋灶"，此时如能在头脑中建立起另一个"兴奋灶"，可以使原先的"兴奋灶"冲淡或抵消。这就是情绪转移的机理。例如，苦闷烦恼时，听听音乐，看看电视，会使人心情缓和一些；愤怒悲伤时，强迫自己做一些别的事情，分散注意力，从而稳定情绪。

(5)升华

将不为社会所认可的情绪反应方式或欲望需求导向崇高的方向，使其成为具有建设性和创造性的行为，这种行为称为"升华"。升华是一种宣泄，也是一种转移，是对不良情绪的一种高水平的积极的转移和宣泄，将情绪的"能量"导向对人类社会有益的方面。例如，歌德在"狂飙突进"运动的影响下所写成的书信体长篇小说《少年维特之烦恼》，便是由爱的激情逐渐升华提高，达到很高艺术境界的长篇小说之一。

258.什么是心理障碍?

心理障碍是因为个人及外界因素造成心理状态的某一方面(或几方面)发展的超前、停滞、延迟、退缩或偏离。它的特点是:

(1)不协调性——心理障碍者心理活动的外在表现与其生理年龄不相称或反应方式与常人不同。如:成人表现出幼稚状态(停滞、延迟、退缩);儿童出现成人行为(不均衡地超前发展);对外界刺激的反应方式异常(偏离)等等。

(2)针对性——处于此类状态的人往往对障碍对象(如敏感的事、物及环境等)有强烈的心理反应(包括思维、言语及动作行为),而对非障碍对象可能表现很正常。

(3)损害较大——此状态对其社会功能影响较大。它可能使当事人不能按常人的标准完成其某一项(或某几项)社会功能。如:社交焦虑者(又名"社交恐惧")不能完成社交活动,锐器恐怖者不敢使用刀、剪,性心理障碍者难以与异性正常交往。

(4)需求助于心理医生——此状态者大部分不能通过自我调整和非专业人员的帮助而解决根本问题。此时心理咨询师或心理医生的指导是必需的。

259.产生心理障碍后应如何应对?

(1)寻求专业的帮助——做心理咨询或心理治疗。心理咨询是由专业心理咨询师为来访者提供心理帮助,帮助来访者成长的过程。如果你感到做一次咨询无效,你可以坚持多做几次咨询或考虑换一位心理咨询师,因为心理咨询是一项须花费较多时间的双向工作,你和心理咨询师因为某种原因无法很好地沟通是很正常的事情。心理咨询能解决适应性心理问题,作为辅助手段能帮助神经症患者。被确诊是严重的心理障碍者,属于心理治疗的范畴,需要在心理医生的指导下服药,请一定遵医嘱服药。

(2)坚持体育运动。产生心理障碍后,每天须保持至少半小时的大强度运动。体育锻炼不仅能强健体魄,亦能改善人体神经系统的各项功能,长期坚持锻炼身体,还能磨炼人的意志,提升人战胜心理障碍的信心。所以坚持高强度体育锻炼对心理障碍者是非常有效的,此时,持续的高强度的体育运动已不仅仅只是一种强身手段,更是一种治疗方法。

(3)积极参与各种活动,培养至少一种兴趣,以此调节身心。参与健康轻松的各项活动比如散步、画画、唱歌等可达到放松神经、愉悦身心的效果。培养多方面的兴趣可方便在不同时间和场合都能找到自己的兴趣活动,通过参与活动,让自己的生活充实,从而抑制心理障碍的消极影响。

260. 发现周围同学有心理问题后如何处理?

首先,应该积极给予同学关心和鼓励,不要四处宣扬,为同学做好保密工作。

其次,应该努力去帮助该同学,看看能否从引发心理问题的学习、情感、人际关系、经济等方面给予帮助;如果感觉自己无力帮助同学摆脱心理困境,应建议他(她)去学院心理辅导站或心理指导中心做心理咨询。

如果他(她)不去做心理咨询,应向班级心理委员、学院心理辅导站或心理指导中心反映相关情况,争取让同学的心理问题尽快得到解决。

发现同学中的心理危机情况应立即向学院心理辅导站或心理指导中心报告。

261. 什么是心理危机?

心理危机是指学生运用通常方式不能应对目前所遇到的情形时出现的严重心理失衡状态。心理危机的对象大致有以下几类:

(1)在心理健康普查中筛选出来的有较严重的心理障碍、心理疾病或有自杀倾向的学生。

(2)由于学习基础和能力差导致的学习压力过大而出现心理行为异常的学生。

(3)生活学习中遭遇突然打击而出现心理或行为异常的学生,如家庭发生重大变故(亲人死亡、父母的离异、父母下岗、家庭暴力等)、遭遇性危机(性伤害、性暴力、性侵犯、意外怀孕等)、受到意外刺激(自然灾害,校园暴力,车祸等其他突发事件)的学生等。

(4)个人感情受挫后出现心理或行为异常的学生,如失恋者、单相思而情绪失控的学生等。

(5)人际关系失调后出现心理或行为异常的学生,如当众受辱、受惊吓、与同学发生严重人际冲突而被排斥、受歧视的学生,与老师发生严重人际冲突的学生。

(6)性格内向孤僻、经济严重贫困且出现心理或行为异常的学生。

(7)身体出现严重疾病,如患上传染性肝炎、肿瘤等,医疗费用很高但又难以治愈的疾病,个人很痛苦,治疗周期长,经济负担重的学生。

(8)患有严重心理疾病,并已经专家确诊的学生,如患有抑郁症、恐惧症、强迫症、癔症、焦虑症、精神分裂症、情感性精神病等疾病的学生。

(9)出现严重适应不良导致心理或行为异常的学生,如适应不良的新生、就业困难的毕业生。

(10)由于身边的同学出现个体危机状况而受到影响,产生恐慌、担心、焦虑、困扰的学生,如自杀或他杀者的同宿舍、同班的学生等。

对于近期发出下列警示信号的学生,应作为心理危机的重点干预对象及时进行危机评估与干预:

(1)谈论过自杀并考虑过自杀方法,包括在信件、日记、图画或乱涂滥画的只言片语中流露出死亡念头者。

(2)不明原因突然给同学、朋友或家人送礼物、请客、赔礼道歉、述说告别的话等行为明显改变者。

(3)情绪突然明显异常者,如特别烦躁、高度焦虑、恐惧、易感情冲动、或情绪异常低落,或情绪突然从低落变为平静,或者睡眠受到严重影响等。

262. 有自杀倾向的大学生自杀前有什么样的征兆?

自杀并非突发。一般而言,自杀者在自杀前处于想死同时渴望被救助的矛盾心态时,从其行为与态度变化中可以看出蛛丝马迹,大约 2/3 的人都有可观察到的征兆。常见的征兆有:

(1)对自己关系亲近的人,表达想死的念头,或在日记、绘画、信函中流露出来。

(2)情绪明显不同于往常,焦躁不安、常常哭泣、行为怪异粗鲁。

(3)陷入抑郁状态,食欲不良、沉默少语、失眠。

(4)回避与他人接触,不愿见人。

(5)性格行为突然改变,像变了一个人似的。

(6)无缘无故收拾东西,向人道谢、告别、归还所借物品、赠送纪念品。

日本长冈利贞认为自杀前会有种种信号。可以从言语、身体、行为三方面观察。

(1)言语。有自杀意念的人会间接地、委婉地说出来,或者谨慎地暗示周围。如“想逃学”“想出走”“活着没有意思”。

(2)身体。有自杀意念的人会有一些身体症状反应,比如感到疲劳、体重减轻、食欲不好、头晕等。这往往是抑郁情绪所致,不能简单地认为是身体有病,应引起注意。

(3)行为。当自杀意念增强时,在日常生活中会表现出不同于平常的行为。如无故缺课、频繁洗澡、看有关死的书籍,甚至出走、自伤手腕等。根据以上种种征兆,可以为自杀预防提供线索和可能。

263. 大学生怎样报告危机情况?

发现者可以同时向学院辅导员和心理指导中心(电话:5688323)报告。报告内容需要包括:当事人基本信息,例如,当事人姓名、所在学院,班级和学号等;报告人及当事人的联络方式;当事人异常表现、近期生活事件、支持系统、情绪状态以及自我评价、自知力(自我意识状态);报告者的处理(报告者做了什么);当事人情况的影响(谁知道当事人的危机情况,家长是否知道)。

周一至周五日常上班时间向中心报告时,应尽可能将当事人直接带过来,由心理指导中心的专职老师接待。周六、周日或其他非上班时间,可以报告学院,由学院向心理中心电话报告,由中心的专业老师接待处理。

264. 危机情况报告时的应对策略是什么?

危机情况报告时的应对策略:

(1)当发现者不敢确定时。发现者感觉当事人的情况异常,可是不能确定是否需要报告。此时首先要认识到将当事人心理危机的情况上报是对他的关爱与保护,有助其及时获得辅导与治疗。其次把情况向辅导员或心理指导中心老师报告,或者陪当事人直接到心理指导中心作评估,老师们会很妥善、很小心地进行处理。

(2)发现者担心报告危机情况会让当事人受辱或遭受歧视。如,认为患有精神疾病是当事人的耻辱,报告可能使当事人受伤;认为上报后当事人会送往医院受到不人道的待遇;认为住过精神病院的当事人今后可能被同学排挤、特别对待等。其实,当同学遇到心理危机情况时，如果不进行专门治疗，将会有更严重的后果发生。而且随着社会的进步和文明程度的不断提高，学校和社会对精神病人的认可和宽容也在逐步提升。

（3）发现者担心报告就是泄密，不够朋友。我们要确立面对自杀危机时，生命安全第一的观念，泄密是为了挽救当事人的生命；此时的当事人可能处于自制力不完全的状态，当事人并不能清楚地意识到自己的言行后果，更无法为自己的言行负责。此时可以向心理健康中心老师请教。

（4）担心当事人利益会受到影响。发现者担心当事人会被送往医院、会被休学甚至退学。实际上将当事人的危机情况上报会使当事人立即得到治疗，得到老师的帮助与关心，当事人的情况会得到严格保密，不会让当事人的信息随意扩散。如果不及时上报，会延迟治疗时机，耽误治疗关键期，同时由于延误，当事人的状况会进一步恶化，症状会更频繁地表现，势必会有越来越多的人知道当事人的病情，影响当事人的情绪和身体康复。

第十章　公寓管理

265. 入住学生公寓应该注意哪些事项？

学生入住学生公寓要按分配的房间、床位住宿，不得擅自调换。在公寓内要讲文明、讲礼貌、讲团结，服从公寓管理人员的管理；要妥善保管好自己的贵重物品，抽屉及时上锁，存折、银行卡密码要保密；要严格遵守公寓楼秩序及安全管理规定；不得擅自在公寓楼留客住宿；严禁在公寓楼内大声喧哗、打架、斗殴、赌博、酗酒、打麻将；楼道内严禁停放自行车及其他物品；严禁在公寓楼内打球、踢球；严禁攀越阳台；遵守学校的作息制度，关门前须返回公寓。关门后返回公寓的必须到值班室登记并说明原因。学生休学、退学、毕业接到离校通知后，须在 3 天内到学生公寓管理服务中心办理退宿手续，并搬出学生宿舍。

266. 学生公寓内家具和设施的管理有哪些规定？

学生公寓楼内配有床、衣柜、电视、桌子、凳子等学生日常生活品。为了保证家具的正常使用，实行舍长负责制并责任到人，每个学期初管理人员对家具进行清点，舍长签字。损坏的家具由责任人赔偿，找不到责任人的由本舍全体人员共同承担赔偿责任。宿舍调整过程中，家具、门、窗、玻璃损坏由原住宿学生承担赔偿责任。

267. 学生公寓内安全管理规定主要有哪些内容?

(1)学生按分配的房间、床位住宿,不得擅自调换。学生进入公寓后须讲文明、讲礼貌、讲团结,服从宿舍管理人员的管理。

(2)学生要严格遵守公寓楼秩序及安全管理规定;不得擅自在公寓楼留客住宿;严禁在公寓楼内大声喧哗、打架、斗殴、赌博、酗酒、打麻将;楼道内严禁停放自行车及其他物品;严禁在公寓楼内打球、踢球;严禁攀越阳台。

(3)住宿人员必须遵守学校的作息制度,关门前须返回宿舍。关门后回宿舍的,必须到值班室登记并说明原因。

(4)学生、教职工进入学生公寓须佩戴校徽,或持工作证等有效证件。

(5)校外人员进入学生公寓,须到值班室进行登记,经允许后方可进入。

(6)严禁男女生互串宿舍,宿舍内不准留宿异性,未经批准不得擅自在外过夜。

(7)学生严禁在楼内经商,随意张贴广告。严禁不明身份的人和小商小贩进入公寓楼。

(8)学生离开宿舍时要关好门窗、锁门。现金要存入银行,贵重物品要妥善保管。发现失盗案件,保护好现场,并及时跟值班室、学生公寓管理服务中心和保卫处联系。

(9)严禁在宿舍楼内自炊。严禁私拉电线、使用转换插座;严禁使用电炉子、热水器、电热杯等禁用电器。

(10)违反上述规定者,根据情节轻重,分别给予批评教育或纪律处分,造成损坏的按损坏物品原价予以赔偿,后果严重者,移交有关部门依法处理。

(11)对维护学生公寓公共秩序及安全做出贡献者,学校给予表彰奖励。

268. 学生公寓内卫生评分标准有哪些？

项目分类	卫生标准	扣分办法
地面（15分）	地面干净明亮，无卫生死角	地面有大面积瓜皮纸屑、头发等垃圾（扣2～3分） 垃圾桶内有垃圾（扣2～3分） 门口或室内有垃圾堆放（扣5分） 有大片污渍、积水（扣2～3分）
床铺（15分）	床面整洁，被子方正，叠放整齐，床头无杂物堆放，正课时间床上无人睡觉	床面凌乱，床单边角未整理（扣2～3分） 被子折叠凌乱、摆放方向不统一，蚊帐、床帘正课时间未收到一边（扣3～4分） 正课时间床上有人睡觉或未叠被子（每床扣5分） 床头乱挂衣物、床上物品多而凌乱（扣2～3分）
生活用品（15分）	水壶、脸盆、行李箱、鞋子、垃圾桶、椅子等物品摆放整齐	水壶等生活用品摆放凌乱（扣3～5分） （宿舍无人）椅子未推进书桌里（扣2～3分）
整体（10分）	室内整体布局协调整洁，室内空气流畅、清新，干净明亮	空气质量、整体布局一般（扣3～4分） 空气混浊、整体布局凌乱（扣5～6分）
写字台（10分）	书桌干净，学习、生活用品摆放整齐	书桌上有垃圾（扣2分） 各类用品摆放凌乱（扣2～4分）

续表

项目分类	卫生标准	扣分办法
书架 (10 分)	书籍整齐码放,书架整洁、美观,物品陈列有致	书架有灰尘堆积(扣 2 分) 书籍等物品摆放凌乱(扣 2～4 分)
纪律 (10 分)	宿舍内没有违禁电器,没有烟头、酒瓶等物品,对待检查卫生的楼长或楼委文明礼貌	宿舍内发现违禁电器(扣 10 分) 有烟头、啤酒瓶等物品(扣 5 分) 对待检查卫生人员态度恶劣(扣 3 分)
门窗暖气 (5 分)	门窗框架干净,玻璃明亮,暖气整洁	门窗框架有灰尘堆积(扣 1 分) 玻璃上有明显水渍或其他污渍(扣1 分) 门窗上胡乱张贴(雅舍大赛布置除外)(扣 1 分) 暖气上有杂物堆积(扣 1 分)
墙面 (5 分)	墙面洁白无污渍,没有乱涂滥画、私拉网线、张贴不健康贴画	墙面有明显污渍或乱涂滥画(扣 1～2 分) 墙上有衣物乱挂、私拉晾衣绳(扣 2 分) 墙上张贴不健康内容贴画(扣 2 分)
阳台 (5 分)	阳台整齐干净,无杂物,卫生工具摆放整齐	有污垢灰尘堆积,长时间未清理(扣 3 分) 卫生工具摆放不整齐(扣 2 分)

备注:①被子摆放统一朝向阳台一面。

②上床下桌:进门左边开始从外向里顺时针 1、2、3、4、5、6;上下铺:进门左边下铺从外向里依次 1、3、5,上铺从外向里 2、4、6。

269. 学生公寓内电视机的管理有哪些规定?

(1)电视卫星接收系统是了解国家大事、学校进行舆论宣传、信息传播的重要工具,学生公寓内每位同学都有保护它的责任。

(2)每个宿舍的电视遥控器必须由专人保管。

(3)注意锁门,以防止丢失电视机和遥控器。如若被盗或丢失,应及时向学生公寓管理服务中心或保卫处报案,追查肇事者和责任人。未按本规定采取相应措施而又追查无果,将由本宿舍同学共同赔偿损失。

(4)收看电视节目以不影响本室和周边同学的学习和休息为宜,严禁大声喧哗。收视时间为中午 12:00～13:00,每晚 18:30～22:30,节假日全天播放。

(5)电视机安装时已调试好,任何人不得以任何理由调试、移动电视机,乱接电视天线、拆卸电视机、遥控器及机架。

(6)禁止利用电视机外接设备,一经查出,除没收外接设备外,还将给予责任人纪律处分。

(7)违反本规定,造成电视线路、电视机损坏,除赔偿经济损失外,还要视情节轻重给予纪律处分。

270. 学生公寓内电话机的管理有哪些规定?

(1)爱护线路和话机。勿随便移线或移机,以防损坏。若人为损坏线路或话机,照价赔偿。

(2)可向外拨打“119”“110”“120”等特服电话。无特殊情况,禁止拨打“110”和“119”等特服电话,否则,责任自负。

(3)公寓内电话为虚拟电话,公寓之间打电话可直接拨打电话号码,不收费;拨打外线应先拨 9 后,再拨打所需要拨打的电话号码。

(4)出现故障时,应及时与学生公寓管理服务中心联系,由学生公寓管理服务中心与联通公司联系维修事宜。

(5)使用电话时，勿影响他人正常休息。因故意使用电话对他人正常的工作、学习、生活等造成不良影响的，将予以处理。

(6)对违反本条例的同学，将视情节轻重，给予批评教育或纪律处分。

(7)对检举他人有违纪行为的同学，核实后，将予以表扬和奖励。

271. 学生公寓内水电设施的管理有哪些规定？

(1)住宿学生要爱护水电设施，以保证学生宿舍正常水电供给。

(2)住宿学生要节约水电，随手关灯、关水龙头，杜绝长明灯、长流水现象。发现水电设施损坏，及时与学生公寓管理服务中心联系维修。

(3)宿舍管理员、值班员要经常检查本楼的水电设施，发现问题及时报告，联系维修。

(4)严禁使用电炉子、热得快、电热杯、电褥子等禁用电器；严禁使用酒精炉等易燃易爆物品。

(5)对违章使用禁用电器、酒精炉等易燃易爆物品的同学，一律没收其所用物品，并视情节轻重，给予通报批评、纪律处分，造成损失的，由责任者赔偿实际经济损失；后果严重的，移交司法机关处理。

272. 学生公寓用电管理系统有哪些主要功能？

(1)预付费电能管理。学校每月提供一定免费电量(本科生 6 度，研究生 10 度)，免费电量用完后可到公寓管理服务中心(学生公寓 9 号楼 1 区 102 室)购买电量。

(2)安全控制管理。学校严禁使用各种发热电器，凡使用 50

瓦以上发热电器将自动断电。违规断电后请及时撤掉违规电器，系统5分钟后会自动送电。

(3)时间控制管理。周日至周四每天6:00～8:00、11:00～14:30、16:30～23:00供电，其他时间断电，周五至周六晚间供电时间延长至23:30。

273. 同学们在用电过程中应注意哪些事项？

(1)若使用劣质的电源插排、手机充电器、旧的已部分损坏的笔记本电池或微机电源等不良电器，系统将自动停电，此时去掉不良电器，5分钟后将自动供电。

(2)当宿舍存在大功率电器例如台式电脑，请分批次打开电脑，可同时工作运行，但切忌同时开启电源，防止电流过大引起跳闸。

(3)每个宿舍楼一层均配备查询机，请同学们及时查询剩余电量。

(4)若发生停电，5分钟后仍不供电，可能电量已用完，或者引起智能电表自动断电，若情况不明，同学们可到本楼值班室查询停电原因。

274. 宿舍出现断电是什么原因？

宿舍断电有如下几种情况：其一，电量已用完，可用查询机查询验证；其二，使用违禁电器，可将违禁电器电源拔掉，5分钟后恢复供电；其三，5分钟后不供电时，可到楼管值班室询问。

275. 如何查询电量或断电原因？

宿舍楼一楼大厅均配有查询机，附使用说明。

276. 宿舍断电要注意哪些事项?

宿舍断电有如下几种情况:其一,电量已用完,可用查询机查询验证;其二,使用违禁电器,可将违禁电器电源拔掉,5 分钟后恢复供电;其三,5 分钟后不供电时,可到楼管值班室询问。

277. 电费怎样充值?

若宿舍内电费可用量为零,可到学生公寓 9 号楼 1 区 102 室充值。先登记好宿舍详细信息,然后刷卡,每次充值最低额度 20 元,刷卡器自动扣除。

278. 学生公寓为什么要安装门禁系统?

门禁系统能够有效防止非本楼住宿人员进入学生公寓楼,从而杜绝学生公寓财物失窃事件的发生。经省内许多高校(主要包括山东大学总校、中国海洋大学、青岛大学、青岛科技大学、潍坊纺织职业学院、哈工大威海校区)的实际使用发现,该系统能够较有效地杜绝外来无关人员进入学生公寓,降低学生公寓盗窃案的发案率。

279. 门禁系统有什么主要功能?

我校现行的门禁系统与校园"一卡通"紧密结合,可以实现以下几项主要功能:(1)非法用户报警功能,可以有效地防止外来人员进入公寓楼。(2)有效防止学生"代刷卡""潜入"等违纪行为。

280. 进入学生公寓,该如何正确刷卡通过门禁系统?

先将一卡通水平放置贴到扫描区,听到"嘀"一声后,身体匀速通过通道。要与前后同学保持一定距离,请勿急速跟随前面同学通过。

281. **学生如果刷卡时提示报警音，电脑显示无卡人员或提示未授权该如何处理？**

请同学持一卡通到9号学生公寓1区109室咨询予以授权或换卡解决。

第十一章　校园网与一卡通

282. 校园网提供哪些服务？

校园网由学校网络与信息管理中心承担建设和日常运行维护的任务，向广大师生提供教育网、互联网的接入服务，校内网络资源的访问，WWW 服务，FTP 服务，域名申请，电子邮件，虚拟主机，服务器托管和网络安全防范等服务。

283. 如何访问网络与信息管理中心主页？

网络与信息管理中心主页的地址是：http://net.wh.sdu.edu.cn/。

284. 如何申请开户？

所有在校学生均处于预开户状态，账户一直保留至毕业离校后系统统一销户，只要对账户进行充值即可联网。

285. 学生区校园网的计费策略是什么？

校园网账户采用预付费方式，每月 10 元，考虑到用户外出学习、交流等特殊情况，在长时间不用网时用户仍然可以对个人账户进行暂停，暂停期间不计费，计费周期顺延。

注意：用户暂停周期最短为 7 天，即用户暂停后 7 天内无法取消暂停。

286. **如何网费充值?**

需要携带校园卡到学生区网络服务部窗口自助充值,刷卡一次10元(可以使用一个月),充值金额自定,只能刷卡,不受理现金交易。

注意:充网费的时候一定要按照屏幕提示操作,切勿刷卡过快。

287. **如何注销账户?**

用户无需进行销户操作,账户余额为零至计费周期终止则进入冻结状态,冻结账户一直保留至毕业离校后系统统一销户。

288. **如何访问用户自助平台?**

学生用户自助服务平台网址为:http://192.168.75.104:8080,也可登录网络中心主页,选择"CAMS自助服务平台"。

289. **长时间不使用校园网,如何暂停?**

登陆网络中心主页上的"CAMS自助服务平台"(网址:http://192.168.75.104:8080),在屏幕左侧"自助营业厅"栏目中点击"自助暂停"选项,然后按提示操作即可。

290. **在暂停模式下如何重新使用校园网?**

必须登陆自助服务平台手工操作。用户可在自助平台查看当前状态。

291. **校园网账号和密码是什么?**

有线、无线校园网认证账户的用户名是个人学号,初始密码是"111111",请用户及时登录"Cams自助服务平台"(http://192.

168.75.104:8080)修改个人密码等信息。

注意:必须连上校园网以后才能登录“Cams 自助服务平台”。

为避免一网多用,目前系统对学生用户同一时刻只授权一个终端登陆,即用户当前使用有线网络则自动将无线账号下线,同样用户当前使用无线网络则自动将有线网络下线。

292. 使用校园网前,需要做好哪些准备工作?

连接校园网络需要自备两端带水晶头的网线连接网络适配器和网络端口。校园网终端用户所使用的计算机需要安装正版操作系统、杀毒软件,并及时升级系统和防病毒软件,保证计算机运行良好,网络适配器必须正确安装相应的驱动程序。

293. 如何连接校园无线网?

电脑及手机无线管理中搜到名为“sduwh”的无线连接,点击“sduwh”无线网络,连接成功后电脑打开 IE 浏览器后访问任意网站(手机直接访问任意网站),将自动跳转到用户认证页面。注意:电脑建议采用 IE 浏览器打开认证页面,第三方浏览器存在兼容性问题。输入用户名(个人学号)及密码(111111),点击上线即可正常上网。

294. 如何连接校园有线网?

(1)自备网线,设置自动获取 IP 地址,具体设置方法如下:

Win7 系统:点击“开始”—“控制面板”—“网络和共享中心”—“更改适配器设置”—在“本地连接”上点右键选择“属性”—双击“Internet 协议 IPV4(TCP/IP)”—选择“自动获取 IP 地址”和“自动获取 DNS 服务器地址”。

Win8、Win10 系统:Win+X(窗口键+X 键)打开菜单,选择“控制面板”—“查看网络状态和任务”—“更改适配器设置”—在

"以太网"上点右键选择"属性"—双击"Internet 协议版本 4(TCP/IP)")—选择"自动获取 IP 地址"和"自动获取 DNS 服务器地址"。

XP 系统:点击"开始"—"控制面板"—"网络连接"—在"本地连接"上点右键选择"属性"点"常规"—双击"Internet 协议(TCP/IP)"—选择"自动获取 IP 地址"和"自动获得 DNS 服务器地址"。

(2)可以用能上网的同学电脑到网络中心主页 http://net.wh.sdu.edu.cn 下载 iNode 智能客户端并安装上。

注意:选择网卡的时候一定要选择带 Family、PCI、GigabitEthernet 标识的。

295. 有线、无线是否可以同时在线?

为避免一网多用,目前系统对学生用户同一时刻只授权一个终端登陆,即用户当前使用有线网络则自动将无线账号下线,同样用户当前使用无线网络则自动将有线网络下线。

296. 宿舍有网线接口不够怎么办?

(1)宿舍校园网用户数大于网线接口数,可以携带校园卡或学生证到学生网络服务部免费申请交换机。每个宿舍只可申请 1 台 5 口或 8 口交换机,使用完毕或毕业前由申请人归还。交换机数量有限,因更换宿舍或其他原因导致宿舍拥有 1 台以上交换机,必须归还多余的交换机,否则网络中心有权封存甚至删除申请人账户。

(2)可以使用校园无线网络。

297. 我的 IP 怎么和宿舍其他同学的 IP 不在一个地址段,能换一个吗?

不能。IP 地址的分配是随机的,不在同一个地址段不影响访问互联网。

298. 我的账户余额是零，已不能上网，如果没有暂停，系统还会继续扣费吗？

不扣费。

299. 要毕业了，账户还有余额怎么办？

账户有余额的毕业生可以根据网络中心下发的通知，在规定时间内到学生区网络服务部窗口办理退费手续，多余的网费会在毕业之前通过银行转账到毕业生的银行卡中。

300. 无线连上 sduwh 后，弹不出认证页面怎么办？

(1)电脑建议采用 IE 浏览器打开认证页面，如果用“360”、搜狗等浏览器将浏览模式改为极速模式。

(2)手机使用本机自带浏览器。

301. iNode 客户端无法通过认证怎么办？

查看 iNode 客户端的错误提示，参考以下方法解决问题。

提示信息：禁用多网卡检测不通过。

解决方法：断开无线连接(或除本地连接其他连接禁用)。

提示信息：您的网卡已被禁用或者网络电缆没有插好，这可能会影响您使用网络。

解决方法：①iNode 客户端→属性→选择正确的网卡(一般选择带 Family、PCI、GigabitEthernet 标识的)，无线连接、蓝牙、个人区域网都不能选择。②检查本地连接是否被禁用，如果被禁用改为启用。③检查线路连接，网线是否插好。④更换墙上端口，更换网线。⑤检查自己的交换机，更换端口，重新启动，或直接用墙上的接口连接。⑥检查网卡是否安装正确，检查驱动程序是否正常。⑦卸载客户端重新安装。

提示信息:未收到服务器回应,您的计算机可能只能访问隔离区的网络资源,请检查终端能否正常访问网络或者与管理员联系。

解决方法:①将本地连接设置为自动获取IP地址。②卸载并重装网络适配器驱动程序。③计算机点右键－管理－设备管理器－网络适配器－双击网卡－高级,关闭网卡的ARPOffload、流控制、校验和VLAN优先级等辅助功能。

提示信息:未收到服务器回应,即将强行下线,请检查终端能否正常访问网络或者与管理员联系。

解决方法:①计算机点右键－管理－设备管理器－网络适配器－双击网卡(一般选择带Family、PCI、GigabitEthernet标识的)－高级,关闭网卡的ARPOffload、流控制、校验和、VLAN优先级等辅助功能。

②可能是iNode客户端和PhotoshopCS3有冲突

解决方法:计算机点右键－管理－服务和应用程序－服务(或控制面板－管理工具－服务),双击"##Id_String1.6844F930_1628_4223_B5CC_5BB94B879762##"服务,点击"停止",启动类型改为"禁用",重启电脑。

③本地连接先禁用再启用。

④检查小交换机主线是否连接正常。

提示信息:IP地址刷新超时。

解决方法:DHCPClient服务未启动,启动方法如下:计算机点右键－管理－服务和应用程序－服务(或控制面板－管理工具－服务),双击DHCPClient,点击"启动",启动类型改为"自动",重启电脑。

提示信息:无法连接到安全服务器,套接字创建失败;IP地址非法。

解决方法:Win7、Win8、Win10系统:点击开始—所有程序—附件—命令提示符,然后在命令提示符上点右键选择以管理员运行,在光标闪烁处输入“netshwinsockresetcatalog”回车，然后重启电脑。

XP 系统：下载 Winsockfix 软件，对系统进行修复，若修复后仍无法解决，重装系统。

提示信息：用户不存在或者用户没有申请该服务。

解决方法：iNode 客户端→属性→用户→取消高级认证，检查用户名。

提示信息：MAC 地址绑定检查失败。

解决方法：请携带校园卡或学生证到 9 号楼网络服务部解除 MAC 地址绑定。

提示信息：用户密码错误，加入黑名单。

解决方法：请携带校园卡或学生证到 9 号楼网络服务部修改密码。

提示信息：无法找到网络设备。

解决方法：以系统管理员身份重新安装 iNode 客户端。

提示信息：在线用户数量限制。

解决方法：原因是接入设备断电或其他设备异常情况，导致客户端连接请求得不到认证服务器回应。15～30 分钟后会自动恢复，重新登录即可。

提示信息：该用户有其他连接正在认证。

解决方法：请稍后重试。

302. iNodc 客户端通过认证，怎么还是无法打开网页？

安装 360 安全卫士，点击断网急救箱全面诊断，清理恶评及系统插件、修复 IE 浏览器。

303. 为什么上网时常掉线？

更换质量好的网线，计算机点右键一管理一设备管理器一网络适配器一双击网卡(一般选择带 Family、PCI、GigabitEthernet

标识的)一高级,关闭网卡的 ARPOffload、流控制、校验和 VLAN 优先级等辅助功能。

304. **学生区网络故障报修流程是什么?**

第一步,用户根据 iNode 客户端错误提示进行故障自检。

第二步,用户根据自检结果,在正常工作日的上班时间,拨打网络维护电话 5688423 或到学生区网络服务部报修,在节假日期间,拨打值班电话 5688844 报修。

第三步,网络与信息管理中心接到报修后,经判断非用户个人计算机软硬件故障(网络与信息管理中心不负责维修用户个人计算机软硬件故障),在第一时间和用户预约上门维修时间。

第四步,网络与信息管理中心派出学生网管员上门维修。

305. **校园卡的功能是什么?**

校园卡具有校内身份认定、食堂消费、浴室水控、超市购物、机房上机、图书馆借书、图书馆自习室座位预定、体育达标测试、上网信息费缴纳、银行自助、门禁系统、英语四六级报名、本科生学籍证明自助打印及成绩单自助打印等功能,随着工程的进展,校园卡还会拓展其他功能,逐步做到“一卡在手,走遍校园”。

306. **如何申请校园卡?**

本校新入学的本科生和研究生的校园卡会在每年新生入校后,由学校集中制作,统一发放,其他人员零星制卡需持有效身份证件、单位证明或其他有效证明到校园一卡通服务大厅登记办理。

307. **校园卡密码是什么?**

校园卡设有两个密码:“查询密码”和“消费密码”。初始默认密码均为身份证后六位数字(末尾×向前顺延)。

查询密码是校园卡在进行电话查询、网上查询、自助终端(如自助查询机)查询时所用的密码,该密码还将和账号一起用于挂失操作,或其他需要确认持卡人身份的操作,请务必牢记该密码。

消费密码是在转账、消费时所使用的密码。一般小额消费不用密码,只有当一天累计消费超过限额(系统默认为50元)时才使用。

重要提示:当您领取到校园卡后,为了您的个人利益不受损害,请及时通过校园卡网站修改查询密码,还可以使用圈存机或持有效身份证件到校园一卡通服务大厅修改查询密码和消费密码。密码一经设定,请务必牢记。

308. 如何使用校园卡?

校园卡为非接触式射频卡。消费时请将校园卡平行贴近读卡器,大约0.5秒,听到一声“嘀”后就可将卡取回,这时消费金额已从卡内扣除。

如POS出现跑“8”(一个数字8从左到右跑动)时,请同学谨慎刷卡,以免造成一卡通冻结。

刷卡消费时,如果读卡器出现连续的“嘀嘀”……报警声,则说明校园卡内出现了余额不足、卡片损坏、卡片已挂失、卡片冻结、刷卡失败等情况,需要到校园一卡通服务大厅咨询、解决;如果读卡器屏幕出现“———————”提示,则说明您的累计消费金额已经超过了规定的额度或按规定需要输入消费密码,如果读卡器屏幕出现跑“1”,此时不要将卡移开读卡器,否则会造成读卡失败或造成卡片冻结。

309. 使用校园卡应该注意哪些事项?

(1)请勿将校园卡放在高温、强磁场附近;不能随意摔打、弯曲、打孔等;不能将卡片接触带电物品;不能将卡片接触有腐蚀的物品;应避免校园卡划伤。

(2)校园卡只限本人使用,不可转借他人使用,否则按相关规定处理。

(3)凡伪造、盗用他人校园卡,将追究当事人的相关法律责任。

(4)如拾获校园卡,请交至校园一卡通管理部。

310.校园卡如何充值?

校园卡有四种充值方式:

(1)现金充值:持校园卡到校园一卡通服务大厅进行办理,充值时间为每周一到周五(工作日)上午 8:00～12:00;下午 2:00～4:10(冬季),2:30～4:40(夏季)。

(2)自助圈存:在校园卡与中国银行卡建立逻辑关联关系的基础上,持卡人利用安装于校园内的银行自助圈存设备进行银行卡向校园卡账户自助圈存充值(24 小时服务)。

(3)网银转账:在校园卡与中国银行卡建立逻辑关联关系的基础上(该银行卡须开通中国银行网上银行,并且该银行卡必须开通转账功能),持卡人登录中国银行网上银行,在“公共服务缴费”→“自助缴费”下面的“威海校园一卡通转账”,可以进行自助转账.

(4)电子服务平台:在校园卡与中国银行卡建立逻辑关联关系的基础上(该银行卡须开通中国银行网上银行,并且该银行卡必须开通转账功能),持卡人登录校园卡电子服务平台,点击“代收费管理”下的“转账充值”,可以实现由银行卡到校园卡的自助转账。

重要提示:

(1)现金充值完毕后,请到充值 POS 机上查询充值金额,请确认并核实余额及找赎无误后离开。离开柜台后,概不负责。

(2)网银转账和电子服务平台转账完成后,校园卡的本次转账金额是存放在“过渡余额”上,这时查询校园卡余额发现并没有增加。只有到食堂等 POS 机收款机上刷一次卡或者消费一次,本次转账金额就会到达校园卡账户余额内。这是因为整个转账过程没有用校园卡，所以本次转账金额系统会自动存放在“过渡余额”字段上。只有刷一次校园卡才真正完成了一次转账。如消费一次后，发现校园卡余额不正确，请持校园卡到校园一卡通服务大厅处理。

311. 校园卡无法使用怎么办？

校园卡突然不能正常使用，应尽快到一卡通管理部进行检验。管理部将对您的校园卡进行修复，如果修复好了，您的校园卡仍然可以正常使用；若无法修复，则需您重新补办校园卡。

312. 校园卡丢失怎么办？

校园卡丢失，请持相关证件到一卡通管理部服务大厅查找。未找到则必须进行挂失、解挂和补办。为了避免损失，也可以就近采取以下方式快速挂失。

自助圈存机挂失：在安装于校内的自助圈存机上，用校园卡账号和查询密码挂失。

网上挂失：登录校园卡查询网站，登录到查询系统，进行挂失操作。

人工挂失：持有效身份证件到校园一卡通管理部服务大厅办理挂失业务。

电子服务平台：登录校园卡电子服务平台，点击“校园卡管理”下的“校园卡挂失”。

特别提示：如果银行卡丢失，新补办的银行卡需先到银行重新办理勾联，这样才可以向校园卡转账。

313. 如何补办校园卡？

如果本校在校全日制本科生和研究生的校园卡丢失或损坏，

需要补办新卡。补办流程如下:

(1)登录校园卡电子服务平台(http://iecard.wh.sdu.edu.cn/)。若卡已挂失,请先将卡解挂后再登录,解挂入口即在服务平台首页。

(2)点击“代收费管理”下的“补卡费”,申请补办并同时缴纳制卡工本费。

(3)制卡时间为每周二、周五上午。每周二上午制作上周五至本周一期间申请补办的校园卡;每周五上午制作本周二至本周四期间申请补办的校园卡。

(4)补办成功,请持有效身份证件(身份证或学生证)到校园一卡通服务大厅领取校园卡,同时在领卡单上签名。

(5)校园卡只能本人领取,不能代领。

注意:

(1)已经确认补卡后补卡工本费将无法退回。

(2)申请补办会同时将校园卡挂失。

如果非本校在校全日制本科生和研究生,则直接带有效身份证件到校园一卡通服务大厅办理。

第十二章　安全管理

314. 大学新生入学后安全注意事项有哪些？

(1)对于到寝室推销商品的行为，要坚决抵制，以防买到伪劣产品。

(2)尽量到学校食堂就餐，不要到路边不卫生的小摊吃饭，以防食物中毒。

(3)遇有陌生人诉苦借钱，借用手机、电脑等情况时，不能轻易相信，当自己无法处理、判断时，应及时拨打电话报警，以防上当受骗。

(4)最后一个同学离开寝室时，一定要关好门窗，关闭水电气阀门。

(5)以各种名义到寝室发展会员或称自己是学校某部门负责人来收取费用等行为，都不要相信，谨防上当受骗。

(6)不要让陌生人进入宿舍。

(7)在不熟悉学校周边环境的情况下，尽量不要单独外出。夜间应提前返校，不要在校外住宿过夜。

(8)警惕陌生人以老乡的名义借钱、请客等。

(9)注意出行安全，注意来往车辆，避免交通事故。

(10)注意宿舍防火，禁止私接电源线路，禁止使用电炉等违规电器和劣质电器，不得在宿舍动用明火，不得乱扔烟头。

(11)遇有紧急危险情况,请拨打报警电话"110"或者拨打学校提供的紧急救助电话。

315. 大学生之间发生纠纷的原因是什么,怎样预防?

大学生之间发生纠纷的原因主要有不拘小节、开玩笑过分或挖苦别人、猜疑、骂人或不尊重别人、妒忌别人、不谦虚、狂妄自大,目中无人、极端利己、不容他人、争强好胜等。

容易发生纠纷的场所主要有生活场所,如学生食堂、学生宿舍;学习场所,如教室、图书馆;体育运动场所,如操场、体操房、游泳池等;公共文娱活动场所,如影剧院、舞场、礼堂等;其他公共场所,如车站、码头、酒吧、夜市餐饮店等。

要预防此类纠纷的发生,就要做到:冷静克制,切莫莽撞;诚实谦虚,注意语言美。总的原则是:恪守本分,互谅互让,求同存异,理解包容。

316. 怎样预防人身伤害?

(1)提高防范意识,增强自我保护能力,晚间尽量不要到偏僻场所,外出时尽量结伴而行。

(2)在公众场所要远离那些寻衅滋事的人员,遇到别人的挑衅,不予理睬,不感情用事;不为小事和他人发生纠纷,避免受到进一步的伤害;遇有不法侵害要及时报告老师或保卫部门。

(3)要有法制观念,不做违法乱纪的事,不侵害他人利益,不影响他人正常学习和休息。

(4)谨慎交友,应避免交一些"不三不四"的朋友,男女之间交朋友更应该谨慎。

(5)克服老乡观念和哥们义气,不参与各种团伙和打架斗殴,做文明大学生。

317. 如何预防性侵害？

性侵害的主要形式：暴力型性侵害、胁迫型性侵害、社交型性侵害、诱惑型性侵害、滋扰型性侵害。

容易遭受侵害的时间和场所：夏天，是女生容易遭受性侵害的季节；傍晚，是女生容易遭受性侵害的时间；公共场所和偏僻场所，是女生容易遭受性侵害的地方。

与异性交往的安全知识：

(1)端正交往态度，培养健康的交往意识。

(2)注意交往的方式，以集体交往为宜，交往程度宜浅不宜深。

(3)把握交往的尺度，留有余地。

(4)要自然交往，真实坦诚。

(5)自尊、自爱、自重，文明、大方、得体。

性侵害的预防：首先要筑牢思想防线，提高识别能力；其次要行为端正，态度明朗；三是女生穿着应得体，不要穿过于暴露的衣着；四是学会用法律保护自己；五是学点防身术，提高自我防范的有效性。

318. 女生夜间行路应注意什么问题？

(1)保持警惕。如果你在校园行走，要走灯光明亮、往来行人较多的大道。对于路边黑暗处要有戒备，最好结伴而行，不要单独行走。如果走校外陌生道路，要选择有路灯和行人较多的路线。

(2)陌生男人问路，不要带路；向陌生男人问路，不要让他带路。

(3)不要穿过分暴露的衣衫和裙子，防止产生性诱惑，不要穿行动不便的高跟鞋。

(4)不要搭乘陌生人的机动车、人力车或自行车，防止落入坏人圈套。

(5)遇到不怀好意的男人挑逗,要及时斥责,表现出自己应有的自信与刚强。如果碰上坏人,首先要高声呼救,假使四周无人,切莫慌张,要保持冷静,利用随身携带的物品,或就地取材进行自卫反抗,还可采取周旋、拖延时间的办法等待救援。

(6)一旦不幸遭受侵害,不要丧失信心,要振作精神,鼓起勇气同犯罪分子作斗争。要尽量记住犯罪分子的外貌特征,如面貌、体形、语言、服饰以及特殊标记,等等。要及时向公安机关报告,并提供证据和线索,协助公安保卫部门侦查破案。

319. 地震时如何避险?

在楼房里,要迅速远离外墙及门窗,可选择厨房、浴室等房间小、不易塌落的空间避震,楼层高的话千万不要跳楼,也不要使用电梯。在平房里,来不及跑出户外时,可迅速躲在桌子、床下和坚固家具旁或紧靠墙根,注意保护头部;在户外,避开高大建筑物,远离高压线、大的广告牌;在工作间,迅速关掉电源和气源,就近躲藏在坚固的机器、设备或办公家具旁;在车站、剧院、教室、商店、地铁等公共场所,要保持镇静,就地选择躲藏处,然后听从指挥,有序撤离。不要盲目跳楼,也不要拥挤在楼梯、过道上。在行驶的电(汽)车内,抓牢扶手,以免摔倒或碰伤;降低重心,躲在座位附近;地震过去后再下车。

320. 如何预防雷击?

在空旷田野里,不要使自己成为尖端,也就是说,要尽量降低自身高度,不要把铁锨、锄头等带有金属的物体扛在肩上高过头顶;在市郊地区,最好躲入一栋带有金属门窗或设有避雷针的建筑物内,也可躲进有金属车身的汽车内;在稠密树林中,最好找一块林中空地,双脚并拢蹲下,在大树下躲雷雨是极不安全的。此外,不要在高楼烟囱下、地势高的山丘处停留,以防不测。在山间旅游，如遇山洞，也可进入山洞避雷；打雷时，最好不要到湖泊、江河、海滩等处钓鱼和划船，也不要去游泳；打雷时，在平坦的开阔地带，最好不要骑马、骑自行车、驾驶摩托车或开拖拉机；打雷时，在室内相对比较安全，但要紧闭门窗，防止危险的侧击雷和球形闪电侵入。

321. 游泳时应注意哪些安全事项？

(1)游泳前要了解自己身体健康状况，能否参加游泳要听取医生的意见。

(2)要选择好游泳地点，了解浴场情况。如是否有救生条件，浴场是否卫生，水下是否平坦，有无暗礁、暗流、陷泥、杂草，水域深浅情况等。

(3)下水前要先活动身体。如果水温太低应先在浅水处，用水淋洗身子，适应水温后再下水游泳。

(4)不要贸然“扎猛子”、潜泳，不要打闹，以免喝水或溺水。

(5)正确估计自己的水性，不要逞能。

(6)不要在急流、漩涡处游泳，禁止酒后游泳。

(7)下水前应将假牙取下，以防呛水时假牙落入食管或气管。

(8)游泳过程中，如突然觉得眩晕、恶心、心慌、气短或四肢抽筋，要立即上岸或呼救。

(9)小腿或脚抽筋时，不要惊慌，可用力蹬腿或跳跃，或自己用力按摩，拉扯抽筋部位。

(10)遇到溺水危险时，可用下列简易方法自救：

①身体放松，深呼吸一口气后，面向水底，四肢放松下垂，让头枕、后颈部露出水面，直至感到需要呼吸时为止。

②当想呼吸时，将双臂慢慢抬到肩部高度，同时一腿向上提到脐部高度，另一腿尽量向上屈，头部不变，节省气力和防止身体下沉。

③将头仰起呼吸，同时双手猛力向下推，双脚向下蹬。换气时向别人呼救。

④吸气后，又恢复开始姿势，反复进行，可保持身体不会下沉，直到获救。

322. 高校发生火灾的主要原因是什么？

(1)违章使用电加热器具。包括电炉、电取暖器、“热得快”、电热壶、电热锅、电饭锅、电熨斗和电吹风等大功率电加热器具。

(2)乱拉乱接电线、插座。

(3)使用电器不慎。如人走不关电源等。

(4)使用灯具不当。如台灯、床头灯紧靠蚊帐、被褥、衣服、书籍等易燃物，极易引发火灾。

(5)违章使用明火。如在宿舍内点蜡烛，用酒精炉、煤油炉、液化气等做饭，焚烧废物等。

(6)使用电脑不当。如长时间使用，不注意电脑的散热，与书籍等可燃物靠近。

(7)使用蚊香不当。点燃的蚊香歪倒、移动都可能直接引燃附近的易燃物。

(8)吸烟不慎。如抽倒床烟、乱丢烟头等。

(9)存放易燃易爆等违禁品。

(10)人为纵火。

323. 学生宿舍防火措施有哪些？

(1)不乱拉乱接电线。

(2)不躺在床上吸烟，不乱扔烟头。

(3)不在蚊帐内点蜡烛看书。

(4)不使用电炉、电热杯、“热得快”、电饭煲等电器。

(5)使用台灯、充电器、电脑等电器要注意发热部位的散热，不要靠近枕头和被褥。

(6)室内无人时应关掉电器和电源开关。

(7)不在宿舍使用明火。

(8)不将易燃、易爆物带进宿舍。

(9)不在宿舍内焚烧物品。

(10)发现安全隐患及时向管理人员或有关部门报告。

(11)爱护消防设施,不将灭火器材随意移动或挪作他用,等等。

324. 如何拨打火警电话?

(1)拨打火警电话119,说清单位和道路名称、门牌号码、燃烧物质、火势大小、报警人姓名以及报警人电话号码等。

(2)拨打火警电话时,不要紧张,要吐字清晰。

(3)打完火警电话,要指定专人在消防车通过的主要路口等候,以便给消防人员指引着火地点。

325. 怎样使用手提式干粉灭火器灭火?

使用手提式干粉灭火器时,应手提灭火器的提把,迅速赶到着火处。

在距离起火点5米左右处,放下灭火器。在室外使用时,应占据上风方向。

使用前,应把灭火器上下颠倒几次,使筒内干粉松动。

如使用的是内装式或储压式干粉灭火器,应先拔下保险销,一只手握住喷嘴,另一只手用力压下压把,干粉便会从喷嘴喷射出来。

用干粉灭火器扑救流散液体火灾时,应从火焰侧面,对准火焰根部喷射,并由近及远,左右扫射,快速推进,直至把火焰全部扑灭。

用干粉灭火器扑灭容器内可燃液体火灾时，亦应从火焰侧面对准火焰根部，左右扫射。当火焰被赶出容器时，应迅速向前，将余火全部扑灭。灭火时应注意不要把喷嘴直接对准液面喷射，以防干粉气流的冲击力使油液飞溅，引起火势扩大，造成灭火困难。

用干粉灭火器扑救固体物质火灾时，应使灭火器嘴对准燃烧最猛处，左右扫射，并应尽量使干粉灭火剂均匀地喷洒在燃烧物的表面，直至把火全部扑灭。

使用干粉灭火器注意灭火过程中应始终保持直立状态，不得横卧或颠倒使用，否则不能喷粉。同时注意干粉灭火器灭火后防止复燃，因为干粉灭火器的冷却作用甚微，在着火点存在着炽热物的条件下，灭火后易发生复燃。

326. 火场如何逃生？

(1)熟悉环境，临危不乱。每个人对自己工作、学习和居住所在地建筑物的结构及逃生路径平时就要做到了然于胸。

(2)保持镇静，明辨方向，迅速撤离。突遇火灾时，首先要强令自己保持镇静，千万不要盲目地顺从人流和相互拥挤、乱冲乱撞。撤离时要注意朝明亮处或外面空旷地方跑，要尽量往楼层下面跑，若通道已被烟火封阻，则应背向烟火方向离开，通过阳台、窗台等通往窗外的出口逃生。

(3)不入险地，不贪财物。在火场中，人的生命最重要，不要因害羞或顾忌贵重物品，把宝贵的逃生时间浪费在穿衣服或寻找、搬运贵重物品上。

(4)简易防护，掩鼻匍匐。火场逃生时，经过充满烟雾的路线，可采用毛巾、口罩蒙住口鼻，匍匐撤离，以防止烟雾中毒、预防窒息。另外，也可以向头部、身上浇冷水或用湿毛巾、湿棉被、湿毯子等将头、身裹好后，再冲出去。

(5)善用通道，莫用电梯。发生火灾时，要根据情况选择进入相对较为安全的楼梯、通道。千万要记住高层楼着火时，不要乘电梯。

(6)避难场所，固守救援。假如用手摸房门感到烫手，此时一旦开门，火焰与浓烟势必迎面扑来。此时，首先应关紧迎火的门窗，打开背火的门窗，用湿毛巾、湿布等塞住门缝或用水浸湿棉被蒙上门窗，然后不停地用水淋透房间，防止烟火渗入，固守房间，等待救援人员到达。

(7)传送信号，寻求援助。被烟火围困时，尽量待在阳台、窗口等易于被人发现和能避免烟火近身的地方，并及时发出有效求救信号。

(8)火已及身，切勿惊跑。火场上如果发现身上有火，惊跑和用手拍打之后会形成风势，加速氧气补充，促旺火势。正确的做法是赶紧设法脱掉衣服或就地打滚，压灭火苗。能及时跳进水中或让人向身上浇水就更有效。

(9)缓降逃生，滑绳自救。高层、多层建筑发生火灾后，可迅速利用身边的绳索或床单、窗帘、衣服等自制简易救生绳，并用水打湿后，从窗台或者阳台沿绳滑到下面的楼层或地面逃生。跳楼虽可求生，但会对身体造成一定的伤害，所以要慎之又慎。

327. 体育运动中发生损伤事故应怎么办？

在体育运动中，时常发生一些程度不同的损伤事故。按被损伤的性质区分，常见的有：骨折、脱位、闭合性软组织损伤(包括关节韧带、肌肉和肌腱扭伤、撕裂和拉伤等)，开放性软组织损伤(如擦伤、刺伤)。其中以闭合性软组织损伤最为常见。一旦发生损伤事故，当事者一定要镇静，在场的同学要发扬友爱和人道的精神，及时处置。在这一过程中应掌握下述几点原则：

(1)消除紧张和顾虑，积极进行急救。

(2)如有大量出血和休克现象，应首先止血和抗休克。

(3)在不明伤情时，切忌毫无急救常识地的实施拉、扯、复位、按摩等处置，以免加重伤情。

(4)尽快护送到医院。为帮助医生了解受伤经过及病情，应该将受伤及急救情况告诉医生。

328. 如何防止大学生出现心源性伤亡事故？

曾有个十七八岁的大学生猝死，怀疑其患有先心病。“目前来看，猝死跟职业没有太大关系，主要还是生活方式不健康和工作压力大引起的，比如经常熬夜、抽烟，明知身体有问题也不去查体。”

我国每年大约有 50 万人死于心源性猝死，对于这类突发的心血管疾病，心肺复苏时间是挽救生命的关键，如果在心跳停止 4 分钟内，正确实施心肺复苏急救，抢救成功率可达 50%。如果心跳停止后 10 分钟才实施急救，抢救成功的几率不到 1%。主要包括以下几个步骤：

(1)先做胸外按压。根据最新指南，把胸外按压放到了急救程序中最重要的位置，是抢救心跳呼吸骤停患者的第一步。这是因为要求一个非医护人员对一个素不相识的人进行口对口的人工呼吸确实是一件很难的事，如果太强调这一点，反而会降低人们救人的积极性。在医护人员到达前，单纯的胸外按压亦可提高患者的抢救成功率，当认识到这点，大多数人都愿意在危急关头救人一命。要注意的是按压的同时配合人工呼吸的效果是最好的，因此如果发生意外的是自己的亲人，建议最好配合口对口的人工呼吸。

(2)心肺复苏过程。一是观察周围的环境，看看自己所处的环境是否安全。二是拍打患者两侧肩膀，凑到两边耳朵边大声问：“你怎么啦?”三是确定其无反应后，指定身边的人拨打 120。四是立即开始胸外按压，按压 30 次。五是对于头或颈未受创伤的患者，应一手往下压住病人额头，另一手提起下颏，使其气道通畅，做两次口对口人工呼吸。如此按压、人工呼吸，比例为 30 ∶ 2，循环多次并观察患者的反应。

(3)心脏按压技巧。一是定位:两乳头连线中点;二是姿势:两手掌重叠平放,双臂伸直,然后身体前倾,把力量集中在手掌根部(借用自身上半身重量和肩臂的力量)按压病人;三是力度和频率:对成人每次按压宜使胸骨下陷至少 5 厘米,按压频率至少 100 次/分。按压时注意用力平稳、均匀。

(4)人工呼吸技巧。要求连续两次平稳的人工呼吸,吹气的时候捏住患者的鼻子,力度平和,每次吹气时间大于 1 秒钟。

329. 何种情况造成的学生伤害事故,学校应当依法承担相应的责任?

(1)学校的校舍、场地、其他公共设施,以及学校提供给学生使用的学具、教育教学和生活设施、设备不符合国家规定的标准,或者有明显不安全因素的。

(2)学校的安全保卫、消防、设施设备管理等安全管理制度有明显疏漏,或者管理混乱,存在重大安全隐患,而未及时采取措施的。

(3)学校向学生提供的药品、食品、饮用水等不符合国家或者行业的有关标准、要求的。

(4)学校组织学生参加教育教学活动或者校外活动,未对学生进行相应的安全教育,并未在可预见的范围内采取必要的安全措施的。

(5)学校知道教师或者其他工作人员患有不适宜担任教育教学工作的疾病,但未采取必要措施的。

(6)学校违反有关规定,组织或者安排未成年学生从事未成年人不宜参加的劳动、体育运动或者其他活动的。

(7)学生有特异体质或者特定疾病,不宜参加某种教育教学活动,学校知道或者应当知道,但未予以必要的注意的。

(8)学生在校期间突发疾病或者受到伤害,学校发现,但未根据实际情况及时采取相应措施,导致不良后果加重的。

(9)学校教师或者其他工作人员体罚或者变相体罚学生,或者在履行职责过程中违反工作要求、操作规程、职业道德或者其他有关规定的。

(10)学校教师或者其他工作人员在负有组织、管理未成年学生的职责期间,发现学生行为具有危险性,但未进行必要的管理、告诫或者制止的。

(11)对未成年学生擅自离校等与学生人身安全直接相关的信息,学校发现或者知道,但未及时告知未成年学生的监护人,导致未成年学生因脱离监护人的保护而发生伤害的。

(12)学校有未依法履行职责的其他情形的。

330. 何种情况造成的学生伤害事故由学生或者未成年学生监护人承担相应的责任?

(1)学生违反法律法规的规定,违反社会公共行为准则、学校的规章制度或者纪律,实施按其年龄和认知能力应当知道具有危险或者可能危及他人的行为的。

(2)学生行为具有危险性,学校、教师已经告诫、纠正,但学生不听劝阻、拒不改正的。

(3)学生或者其监护人知道学生有特异体质,或者患有特定疾病,但未告知学校的。

(4)未成年学生的身体状况、行为、情绪等有异常情况,监护人知道或者已被学校告知,但未履行相应监护职责的。

(5)学生或者未成年学生监护人有其他过错的。学校安排学生参加活动,因提供场地、设备、交通工具、食品及其他消费与服务的经营者,或者学校以外的活动组织者的过错造成的学生伤害事故,有过错的当事人应当依法承担相应的责任。

331. 何种情况造成的学生伤害事故学校无法律责任?

(1)地震、雷击、台风、洪水等不可抗的自然因素造成的。

(2)来自学校外部的突发性、偶发性侵害造成的。

(3)学生有特异体质、特定疾病或者异常心理状态,学校不知道或者难于知道的。

(4)学生自杀、自伤的。

(5)在对抗性或者具有风险性的体育竞赛活动中发生意外伤害的。

(6)其他意外因素造成的。

下列情形下发生的造成学生人身损害后果的事故,学校行为并无不当的,不承担事故责任;事故责任应当按有关法律法规或者其他有关规定认定:

(1)在学生自行返校、离校途中发生的。

(2)在学生自行外出或者擅自离校期间发生的。

(3)在节假日或者假期等学校工作时间以外,学生自行滞留学校或者自行到校发生的。

(4)其他在学校管理职责范围外发生的。

(5)因学校教师或者其他工作人员与其职务无关的个人行为,或者因学生、教师及其他个人故意实施的违法犯罪行为,造成学生人身损害的,由致害人依法承担相应的责任。

332. 伤害事故处理的程序是什么?

(1)发生学生伤害事故,学校应当及时救助受伤害学生,并应当及时告知未成年学生的监护人;有条件的,应当采取紧急救援等方式救助。

(2)发生学生伤害事故,情形严重的,学校应当及时向主管教育行政部门及有关部门报告;属于重大伤亡事故的,教育行政部门应当按照有关规定及时向同级人民政府和上一级教育行政部门报告。

(3)发生学生伤害事故，学校与受伤害学生或者学生家长可以通过协商方式解决；双方自愿，可以书面请求主管教育行政部门进行调解。成年学生或者未成年学生的监护人也可以依法直接提起诉讼。

(4)教育行政部门收到调解申请，认为必要的，可以指定专门人员进行调解，并应当在受理申请之日起60日内完成调解。

(5)经教育行政部门调解，双方就事故处理达成一致意见的，应当在调解人员的见证下签订调解协议，结束调解；在调解期限内，双方不能达成一致意见，或者调解过程中一方提起诉讼，人民法院已经受理的，应当终止调解。调解结束或者终止，教育行政部门应当书面通知当事人。

(6)对经调解达成的协议，一方当事人不履行或者反悔的，双方可以依法提起诉讼。

(7)对发生学生伤害事故负有责任的组织或者个人，应当按照法律法规的有关规定，承担相应的损害赔偿责任。

(8)学生伤害事故赔偿的范围与标准，按照有关行政法规、地方性法规或者最高人民法院司法解释中的有关规定确定。

(9)对受伤害学生的伤残程度存在争议的，可以委托当地具有相应鉴定资格的医院或者有关机构，依据国家规定的人体伤残标准进行鉴定。

(10)学校对学生伤害事故负有责任的，根据责任大小，适当予以经济赔偿，但不承担解决户口、住房、就业等与救助受伤害学生、赔偿相应经济损失无直接关系的其他事项。

(11)学校无责任的，如果有条件，可以根据实际情况，本着自愿和可能的原则，对受伤害学生给予适当的帮助。

(12)学生的行为侵害学校教师及其他工作人员以及其他组

织、个人的合法权益,造成损失的,成年学生或者未成年学生的监护人应当依法予以赔偿。

333. 学生宿舍怎样预防盗窃?

公寓内常见的盗窃方式主要有:

顺手牵羊。趁主人不备,将晾晒在走廊、阳台等处的衣物盗走。如主人不在,房门不锁,还会光顾室内,盗走现金和贵重物品。

乘虚而入。如果你居住的宿舍管理混乱,人员混杂,或者你的寝室老是不锁门唱"空城计",则往往给乘虚而入者以可乘之机。

窗外"钓鱼"。窃贼用竹竿将你晾在窗外的衣服"钓"走。更有甚者还把纱窗弄开,"钓"走你放在桌、凳上的衣物,夏秋之季,住一楼的同学如缺乏警惕,最易受这种伤害。

撬门扭锁。此类盗窃分子手段凶狠,撬开门锁的方式有多种,进门后抽屉、箱子往往撬遍,值钱的东西都盗,更以价值高、易于携带的为主。

翻窗入室。没有结实护栏,又易于翻越、攀登的窗户,包括门上气窗,窃贼都有可能翻入。

溜门行窃。盛夏时节,一些学生为图凉快,夜间睡觉不关门,小偷趁机入室偷窃钱财。还有的夜间先偷走钥匙,白天再找机会入室偷窃。

除上述六类外,还有偷配钥匙,预谋行窃;也有以找人、卖东西等名义混入宿舍,伺机行窃;还有的偷换房门锁,伺机行窃完之后再换回来的。

学生宿舍容易被盗的时间:一是在新生入学、老生毕业、宿舍较乱时易发生被盗案件;二是放假前容易被盗;三是假期学生离校后,容易发生撬门扭锁盗窃案;四是夏秋季节,开门睡觉容易发生"顺手牵羊"盗窃案;五是开窗睡觉,容易发生"钓鱼"盗窃案;六是离开寝室不关门,容易发生"乘虚而入"的盗窃案;七是学校开大会、运动会、考试、周末等时段，因宿舍人少，容易发生被盗；八是宿舍留宿他人时容易发生被盗；九是个人物品随意乱放，容易发生内盗。

因此，为防止学生宿舍被盗，就要养成随手关灯、关窗、锁门的习惯，以防盗窃人员乘隙而入；不要留宿外来人员；电脑、手机、钱包等贵重物品不要随意丢放；发现形迹可疑的人应提高警惕并及时报案；注意保管好自己的钥匙，包括教室、宿舍、箱包、抽屉等处的各种钥匙，不能随便借给他人或乱丢乱放，以防“不速之客”复制或伺机行窃；严格遵守学校公寓楼“门禁管理系统”的各项要求，养成自觉刷卡（一卡通）进出公寓楼的良好习惯；做到换人换锁，并且不要将钥匙借给他人，防止钥匙丢失，宿舍被盗。

334. 发现公寓被盗后应怎么办？

发现自己寝室被盗，不少同学首先想到的是赶紧翻看自己的柜子、箱子、抽屉，看自己的钱物都少了什么。另一些同学则出于关心、好奇等原因前来围观、安慰。结果，待公安保卫部门接到报案来到现场时，现场的原始状态已发生很大变动，一些与犯罪活动存在内在联系的痕迹、物品已遭到破坏，一些与罪犯毫无关系的痕迹、物证又出现在现场，使得公安保卫人员难以对犯罪活动作出准确判断，影响了破案工作。那么，发现寝室被盗该怎么办呢？

（1）保持冷静。发现寝室门被撬，抽屉、箱子的锁被撬坏或被翻动，则很可能盗窃分子已来光顾，应立即向学校保卫部门和公寓管理部门报告，并告知学院有关领导。

（2）保护好现场。犯罪现场是判断犯罪分子进行犯罪活动和真实反映犯罪人客观情况的基础，只有把现场保护好了，侦察人员才有可能把犯罪分子遗留下的手印、脚印、犯罪工具等所有痕迹、物品发现收集起来，而这正是揭露和证实犯罪的有力证据。如果案件发生在寝室内，可在寝室门前（一楼还包括窗外）设岗看守，阻止同学围观，不能让人进屋，更不能翻动室内的任何物品，封闭室内现场。对盗窃分子可能留下痕迹的门柄、锁头、窗户、门框等也不能触摸，以免把无关人员的指纹留在上面，给勘察现场、认定犯罪分子带来不必要的麻烦。

(3)如果发现存折被盗，应尽快到银行办理挂失手续。

(4)如实回答前来勘验和调查的公安保卫干部提出的各种问题。回答问题一要实事求是，不可凭想象、推测；二要认真回忆，力求全面、准确。

(5)积极向负责侦察破案的公安保卫干部提供情况，反映线索，协助破案。反映情况时要尽量提供各种疑点、线索，不要觉得此事无关紧要而忽略，也不要觉得涉及某个同学怕伤感情。公安保卫部门有义务为反映情况的同学保密。例如，某同学寝室被盗后，该同学想到自己第二节课时没听课，到商店买东西，在商店里看见的一个人很像是同寝室另一同学的老乡，该人前不久来做生意还到寝室玩过，接触中感到这人行为谈吐都不正常。但这位同学一是怕看错人；二是没有任何真凭实据，凭空怀疑怕同学知道了伤感情；三是怕连带出自己不上课的情节而受批评。因此好几天都没说。后在保卫干部反复启发下打消了顾虑，反映了这一线索。经保卫部门调查侦破，很快掌握了这个“老乡”的作案证据，追回大部分赃物，为该宿舍同学挽回了损失。

335. 如何安全使用银行卡？

(1)银行卡设置的密码一般不宜使用出生日期、家庭电话、手机号码等容易被人破译的数字。

(2)不要将银行卡密码告诉或泄露给别人，一旦泄露应及时更换密码。

(3)在购物消费或取款时不要随意将银行卡交给别人，按密码时不要让他人看见。

(4)银行卡与居民身份证应分开存放。

(5)银行卡被 ATM 机吞卡时应及时与银行联系,谨防犯罪分子借用银行名义骗取银行卡信息和密码。

(6)在 ATM 机上使用银行卡时,谨防他人偷窥密码,操作完毕后,一定要记住取走自己的银行卡,妥善保管交易单据。

(7)存、取款时发现 ATM 机等机体上有不明装置,应立即拨打"110"报警电话报警。

(8)经常核对个人银行卡中的余额,经常更改银行卡密码,一旦发生银行卡被窃或遗失,应立即与发行该银行卡的银行联系并办理挂失手续,尽可能地避免个人损失。

336. 如何预防和应对抢劫抢夺?

(1)外出时不要携带过多的现金和贵重物品,特别是必须经过抢劫、抢夺易发生的地段时,如果必须携带大量现金或较多的贵重物品,应请同学随行。

(2)现金或贵重物品最好随身携带,不要置于手提包或挎包内。

(3)不外露或炫耀贵重物品,应将现金、贵重物品藏于隐蔽处。

(4)尽量不要在午休、夜深人静时单独外出,特别是女同学。不要在偏僻、阴暗处行走、逗留。如必须通过偏僻阴暗处,最好结伴而行,或者携带一些防卫工具。

(5)发现有人尾随或窥视,不要紧张,不要露出胆怯神态,可以大胆回头多盯对方几眼,或哼首歌曲,或大叫同学、教师的名字,并改变原定路线,立即向有人、有灯光的地方走去。

女生独自外出或回校,穿着不要过于时髦、暴露。

337. 如何预防扒窃?

扒窃的作案时间一般在上午 7 点至 9 点,中午 12 点至下午

1点，下午5点至8点；作案地点主要在公交车上、站台附近；作案手法主要采取徒手扒窃，剪刀或刀片剪包、划包，用镊子夹包等方式作案。预防此类事件发生，一是不要在公交车上睡觉；二是购票时要尽量用零钞，不要将钱包拿出来或用大额币购票，以免成为扒窃分子侵害的目标。

338. 校园不良网络借贷的“陷阱”有哪些？

部分不良网络借贷平台采取虚假宣传的方式和降低贷款门槛、隐瞒实际资费标准等手段，诱导学生过度消费，甚至陷入“高利贷”陷阱，侵犯学生合法权益，造成不良影响。校园贷的各种“坑”主要有以下几点需要同学们注意。

第一个“坑”，费率不明。校园网络借贷平台出于抢占市场和竞争的需要，会隐瞒或模糊实际资费标准、逾期滞纳金、违约金等。调查显示，约六成的平台费率不明确，逾期后每日费率最高与最低相差达60倍之多。很多大学生因为一时冲动购物而选择贷款，最终要偿还的“本息和”相当于贷款本金近1.5倍。看似免息、低息的平台在手续费、逾期费等表述上存在一定的隐蔽性，比起信用卡分期付款7%以下的年利率来说，校园贷的年息通常高达20%以上，成了“高利贷”。

第二个“坑”，贷款门槛低、审核不严。不良校园网贷不考虑学生的还款能力、来源，是一种极不负责任的行为。

第三个“坑”，不文明的催收手段，给借款学生造成极大心理压力。很多校园贷平台普遍存在不文明的催收手段，比如，“关系催收”，学生借款时被要求填写数名同学、朋友或亲属的真实联系方式，如果不能按时还款，平台就会把其逾期信息告知该学生的关系圈，严重干扰和伤害了借款学生。

第四个“坑”，风险难控，易将风险转嫁给家庭。大学生有旺盛的消费欲，但是没有稳定的经济来源，所以其还款来源往往来自于家庭。

339. 如何预防诈骗?

以下是24种常见诈骗手段。

(1)认老乡诈骗。指犯罪嫌疑人在火车站、汽车站、码头、机场大巴上下客等处,以过往旅客为侵害对象,以认老乡、搭便车为名义骗取受害人信任后,实施的丢包、拎包、借钱等诈骗犯罪行为。

(2)高科技产品诈骗。指犯罪嫌疑人冒充各种身份骗取受害人信任后,以买卖科技芯片、软件、光盘、U盘等高科技产品为由牟取暴利,实施的一种诈骗犯罪行为。

(3)购物诈骗。指犯罪嫌疑人骗取受害人信任后,以推销虫草,收购头发,买卖像章、手机、汽车、药品或其他物品为借口,会用以假乱真的手段,骗取钱财的一种诈骗犯罪行为(网络、短信购物诈骗除外)。

(4)存钱诈骗。指犯罪嫌疑人冒充银行工作人员,以在银行存钱、在存折上盖章或升级,可以获取高额利息、年终分红、中奖等借口为名,骗取受害人存折、银行卡和密码,诈骗钱财的一种犯罪行为。

(5)宝物诈骗。指犯罪嫌疑人以保管、买卖所谓"古董"(古书画)、玉器、珠宝、古币(银元)、旧债券等牟利为名,或谎称宝物能生钱、消灾,或能让小钱变大钱为借口,骗取受害人钱财的一种诈骗犯罪行为。

(6)生意工程诈骗。指犯罪嫌疑人以做生意、承包工程赚钱为名,骗取事主保证金、预付款、货款、货物等财物,或借口需验资证明实力,待受害人将钱存入银行后,趁机盗取密码,调换存折、银行卡,诈骗受害人钱财的一种犯罪行为。

(7)购票诈骗。指犯罪嫌疑人在火车站、汽车站、码头或其他地方,以能帮忙购票,或以假票充真,或谎称发生抢劫案等借口骗取事主信任后,以需办理乘车证明手续、登记贵重物品、检查随身行李为由，骗取受害人钱财的一种诈骗犯罪行为。

(8)ATM机、银行卡诈骗。指犯罪嫌疑人趁受害人在银行柜台、ATM机上取钱时，利用障碍提示、丢钱换卡等方式，骗取受害人存折、银行卡和密码，骗取钱财的一种诈骗犯罪行为。

(9)婚介诈骗。指犯罪嫌疑人以交朋友、谈恋爱、介绍对象、富婆征婚、富婆借种、富婆投资、收养小孩、报复丈夫、寂寞交友等名义，以提供高额报酬为诱饵，以交纳手续费、诚信金、保证金、税款、购买礼物等各种借口，骗取受害人钱财的一种诈骗犯罪行为。

(10)冒名接人诈骗。指受害人在火车站、汽车站等地，用电话与亲人朋友联系后，犯罪嫌疑人以假借受害人亲友来接人为名，获取受害人信任后，又以借钱或其他借口，骗取受害人钱财的一种诈骗犯罪行为。

(11)网络诈骗。指犯罪嫌疑人利用计算机网络，发布虚假购物、购买债券基金、贷款、做生意等信息，骗取受害人钱财的一种诈骗犯罪行为。

(12)短信诈骗。指犯罪嫌疑人利用发送短信，发布虚假消费、购物、贷款等信息，骗取受害人钱财的一种诈骗犯罪行为。

(13)中奖诈骗。指犯罪嫌疑人利用网络、短信、电话中奖、刮卡中奖、摸奖等方式，骗得受害人信任后，再以交纳手续费、公证费、转价费、管理费、税费等各种借口，骗取受害人钱财的一种诈骗犯罪行为。

(14)招摇撞骗。指犯罪嫌疑人冒充军人、警察及其他国家机关工作人员招摇撞骗，骗取受害人钱财的一种诈骗犯罪行为。

(15)抛物行骗(俗称“丢包行骗”)。指犯罪嫌疑人以拣到钱包等财物与受害人共分为诱饵，又以丢了钱包要检查为借口，骗取受害人现金、财物、银行卡和密码的一种诈骗犯罪行为(注意与认老乡丢包诈骗区分)。

(16)出租行骗。指犯罪嫌疑人冒充他人，以出租房屋、租赁汽车或其他物品为方式，骗取受害人钱财的一种诈骗犯罪行为。

(17)名借实骗。指犯罪嫌疑人寻找各种借口骗取受害人信任后，直接以借用为名，骗取受害人手机、现金或其他财物的一种诈骗犯罪行为。

(18)征聘行骗。指犯罪嫌疑人假借招工、招生、招兵的名义，以收取保证金、介绍费、服装费、借用财物等借口，骗取受害人钱财的一种诈骗犯罪行为。

(19)假借落难。指犯罪嫌疑人冒充他人身份，以受害人亲人、朋友财物被盗抢、遇车祸、遇灾难，急需用钱为名，或以假装落难，需要帮助的方式，博取受害人同情，从而骗取受害人钱财的一种诈骗犯罪行为。

(20)假做好事。指犯罪嫌疑人冒充国家机关、企事业单位工作人员，或受害人熟人，以帮助为受害人办理低保、医保、社保、发放补贴、涨工资等获取好处为名，骗取受害人现金、财物、存折及密码，或谎称能为受害人及其亲友提供帮助，解决困难，骗取受害人钱财的一种诈骗犯罪行为。

(21)假扮托运(俗称"拉飞货诈骗")。指犯罪嫌疑人假借承运货物的名义，骗得受害人信任后，骗取受害人或单位财物的一种诈骗犯罪行为。

(22)设赌行骗。指犯罪嫌疑人以押宝、玩牌、套笔、残局、打假牌等方式，诱使受害人参与赌局，骗取受害人钱财的一种诈骗犯罪行为。

(23)调币行骗。指犯罪嫌疑人以兑换外币、调换假币、调币抽芯等方式，骗取受害人钱财的一种诈骗犯罪行为。

(24)押物行骗。指犯罪嫌疑人以赃物、假货进行抵押，或假借亲友被受害人欺负了为名，以防止受害人逃跑为借口，将受害人手机、现金等财物押在手中，从而骗取钱财的一种诈骗犯罪行为。

还要警惕 12 种手机诈骗手法。

(1)如果你接到"我是××省公证处的公证员××,恭喜你的手机或电话号码在××抽奖中中了×等奖,奖品是小轿车一部"的短信,请先思考几秒钟,想想自己是否将手机号投入摇奖或参与什么活动,如果没有请删除信息,不要回复。

(2)以××银行名义提醒你在某地刷卡消费,金额将于近期从你账户扣除。如果你收到类似手机短信,再按短信里电话询问,就栽进不法之徒的圈套。

(3)如果你接到有人电话称是国家税务局干部,帮你处理汽车或者房屋退税事宜,别相信这类谎言。

(4)有人打电话称,你的家人在某地生急病或发生意外,急需用钱,让你把钱打到××银行账号,一定要核实清楚,不要轻易相信。

(5)有人打电话称,你的孩子被绑架,并索要赎金,电话中甚至还出现孩子哭闹声。如遇到这种事情,一定要冷静,先问问对方手中是男孩还是女孩,长什么样,穿什么衣服,如果对方所陈述内容与孩子相符,尽快报警,以便公安机关查出真相;如果你所问的情况对方回答不上来或有误,一定有诈。

(6)"你好,你的朋友为你点播了一首××歌曲,以此表达他的思念和祝福,请你拨打×××收听。"当你拨打收听时,你的话费余额一定会直线下降。

(7)"我在外地出差,我的手机很快就没有话费了,麻烦你帮我买张充值卡,用短信告知卡号和密码。"接到这样电话或信息,要核对对方真实身份。

(8)"你好,这里是中国移动(或联通)客户服务热线,由于我们工作失误,你的电话费这几个月共多收×××元,如确认退费请按……"类似电话接到后只要认真查看来电号码,就可识破骗局。

(9)"低值充值卡出售,本公司与电信制卡部门联合推出移动、联通手机卡充值,100 元面值的 38 元低价促销,诚招各地代理经销商。”如果你收到这样信息,请不要为低价与利润所诱惑,多问为什么,最好向移动与联通客户服务中心落实。

(10)如果你收到未知号码,或响过两下就挂断的电话,不要随随便便回复。部分0941、0951开头的号码中有的是加值付费电话,接到这两个号码开头电话或陌生来电,一定要小心核对再行回复。

(11)如果你接到不熟悉的电话,对方自称是你的好友,并让你猜其身份,请不要跟他捉迷藏,直接问他是谁,如果是你好友,简单核对就清楚。

(12)对打着上级领导身边工作人员的旗号、要求你帮忙处理领导个人事物的电话,请你多长个心眼,不要急于付钱,待核实该人身份后再帮忙也不迟。

以上是目前常见的诈骗手法,骗子们还在不断研究着新的诈骗方法,提醒同学们及时关注,同时做到:多学习观察;不贪钱财,不图便宜;保守自我信息秘密;慎重交友,不感情用事;多与同学和老师斟酌;慎重对待他人的财物请求。记住:天上永远不会掉馅饼。

340. 在交往中如何防止受骗上当?

(1)明确最基本的交往关系。校园的人际交往是具有多样性的。从结构上来看,有垂直的,有水平的,也有两者交叉的。就方式而言,有单向的,有双向的,也有多向的。就交往的对象和范围而论,除了受个性心理的制约,同时也受特定环境的制约。因此同学们在交往中要分清与谁交往,怎样交往,是泛泛之交还是君子之交,根据交往了解的多少明确交往的层次和深度。

(2)不要用感情代替理智。人的情感,是主体和客体的交流,是主观体验,也是对外界的反映,本身应该包含有合理的理智的成分。有些学生在交往中受骗上当,往往吃亏于感情用事,而缺乏理智。因此，在任何交往场合下，我们都要保持清醒的头脑，才能对外界作出正确的反应。比如，对于熟人和朋友介绍的人，要学会“听、观、辨”，即听其言、观其色、辨其行。态度诚恳而不轻浮，三思而后行，不要“一是朋友，都是朋友”；对于“初相识”，要谨慎，在不了解对方的时候，不要轻易露出自身的底细，对于那些“来如风雨、去似微尘”的上门客，态度要热情，处置要小心。要避免单独行事，必要时可在集体环境中接待。

(3)交往要有选择，择其善者而从之。真正的朋友关系首先是志同道合，应该建立于高尚的道德情操的基础之上，是真诚的情感交流，而不是一个简单的利益和利害关系。要记住：了解—理解—谅解；交友时戒交四类人：戒交低级下流之辈；戒交挥金如土之流；戒交吃喝嫖赌之徒；戒交游手好闲之人。

(4)发现问题及时处理。对于交往中察觉到对方的疑点或已经受骗上当，应该及时处理，向老师或学校保卫部门报告，切勿“哑巴吃黄连”。

341. 如何预防传销？

传销是近几年活动非常频繁的一种诈骗手段，有不少在校大学生、研究生上当受骗。其主要特征是：

(1)经营者通过发展人员、组织网络，从事无店铺经营活动，参加者通过上线从下线的营销业绩中提取报酬。

(2)参加者通过交纳入门费或认购商品等变相交纳入门费的方式，取得加入、介绍或发展他人加入的资格，并以此获取回报。

(3)先参加者从发展的下线成员所交纳的费用中获得收益，且收益数额由其加入的先后顺序所决定。

(4)组织者的收益主要来自参加者交纳的入门费，或以此认购商品等方式变相交纳的费用，而并非真正的以营销商品为经营的方式来获取利润。

(5)组织者利用后参加者所交纳的部分费用支付先参加者的报酬,维持运作。

(6)组织者承诺在一定时间内返还参加者高于其所交费用数倍的回报。

为防止陷入传销骗局,同学们要做到:消除快速成功的心理;正确对待就业困难;学会用《禁止传销条例》保护自己;杜绝非法传销渗透的空间;尽快脱身,防止越陷越深;主动配合公安机关打击传销行为。

342.上网聊天交友应注意哪些问题?

(1)在上网交友时,尽量使用虚拟的E-mail,或ICQ,QICQ等方式,尽量避免使用真实的姓名,不轻易告诉对方自己的电话号码、住址等有关个人真实的信息。

(2)不轻易与网友见面,许多大学生与网友沟通一段时间后,感情迅速升温,不但交换真实姓名、电话号码,而且还有一种强烈见面的欲望,但要慎重考虑,不要轻易和网友见面。

(3)与网友见面时,要有自己信任的同学或朋友陪伴,尽量不要一个人赴约,约会的地点尽量选择在公共场所,人员较多的地方,尽量选择在白天,不要选择偏僻、隐蔽的场所,否则一旦发生危险情况时,得不到他人的帮助。

(4)在聊天室聊天时,不要轻易点击来历不明的网址链接或来历不明的文件,往往这些链接或文件会携带聊天室炸弹、逻辑炸弹,或带有攻击性质的黑客软件,造成强行关闭聊天室、系统崩溃或被植入木马程式。

(5)警惕网络色情聊天和反动宣传。聊天室里汇聚了各类人,其中不乏好色之徒,言语间充满挑逗,对不谙男女世故的大学生极具诱惑,或在聊天室散布色情网站的链接,换取高频点击率,对大学生的身心造成伤害。也有一些组织或个人利用聊天室进行反动宣传，拉拢、腐蚀大学生，这些都应引起大学生朋友的警惕。

343. 大学生在进行网络购物时应注意哪些问题？

(1)选择合法的、信誉度较高的网站交易。

(2)一些虚拟社区、BBS里面的销售广告，只能作为一个参考，特别是进行二手货物交易时，更要谨慎，不可贪图小便宜。

(3)避免与未提供足以辨识和确认身份资料(缺少登记名称、负责人名称、地址、电话)的电子商店进行交易，若对该商店感到陌生，可通过电话询问当地消费团体该电子商店的信誉度等基本资料。

(4)若网上商店所提供的商品与市价相距甚远或明显不合理时，要小心求证，切勿贸然购买，谨防上当受骗。

(5)消费者进行网上交易时，应打印出交易内容与确认号码之订单，或将其存入电脑，妥善保存交易记录。

344. 如何避免网络陷阱，防止网络欺骗？

(1)不要轻易相信互联网上中奖之类的信息。

(2)不要轻易相信互联网上来历不明的测试个人情商、智商、交友之类的测试软件，这类软件大多要求提供个人真实的资料，往往这就是一个网络陷阱。

(3)不要轻易将自己的电话号码、手机号码在网上注册，一些网民在注册成功后，不但要交纳高额的电话费，而且还会受到一些来历不明的电话、信息的骚扰。

(4)不要轻易相信网上公布的快速致富的窍门，“天下没有免费的午餐”，一旦相信这些信息，绝大部分都会赔钱，甚至血本无归。

345. 如何提高法律意识，预防网络犯罪？

一是要正确使用互联网技术，不要随意攻击各类网站，因为这样会触犯相关的法律，还可能会引火上身，被他人反跟踪、恶意破坏、报复，得不偿失。二是不要存在侥幸心理，自以为技术手段如何高明。互联网技术博大精深，没有完全掌握全部技术的完人，作为一名大学生更要时刻保持谦虚的态度，不在互联网上炫耀自己或利用互联网实施犯罪活动。

346. 大学生在学校稳定工作中应怎么做？

首先要通过正常途径和程序向学校有关方面积极反映意见。比如，通过班级干部及时转告你的意见和想法；向辅导员和学院党政领导反映你的意见和要求；直接找学校有关部门的教师处理你迫切需要解决的问题；利用学校各部门的有问有答反映意见建议；利用校、院领导群众来访接待日，直接向学校最高领导反映意见。其次要积极应对不利于学校稳定的事件。比如，要正确判别该事件的是非曲直；遇事要头脑冷静和理智地思考，帮助邀约你的同学或朋友权衡利弊，提出忠告；为了避免矛盾激化，应主动向学校各级组织反映情况；如果你发现有极少数别有用心的人进行恶意煽动、闹事，破坏学校稳定，要敢于与之斗争；不要散播未经证实、非正规部门公布、无事实根据、危害学校稳定的言论；未得到正规部门证实前，不要轻易相信任何言论。

347. 大学生如何预防和抵制黄赌毒的侵袭？

首先，大学生要坚决抵制黄色淫秽制品，坚决做到不看、不传，更不能走私、制作和贩卖；要洁身自爱，读好书、结好友，积极参加健康有益的文体娱乐活动；要树立正确的人生观，培养高尚的道德情操，做“四有”新人。

其次，大学生要坚决抵制赌博活动。做到自觉遵守校规校纪，养成良好的遵纪守法意识，违法往往从违纪开始；充分认识赌博的危害，自觉培养高尚的情操，积极参加健康有益的文体活动，充实自己的业余文化生活；防微杜渐，分清娱乐和赌博的界限；思想上要警惕，不要因为顾及朋友、同学的情面而参与赌博，遇到他人相邀，要设法推脱决不参与；要从根本上关心和爱护同学，及时制止他人参与赌博，必要时要向老师和学校有关部门报告。

最后，大学生要坚决抵制毒品的侵袭。要充分认识毒品违法犯罪活动的危害性，加强自身的学习和法律意识修养，培养高尚的情操和伦理道德观念；积极参加有益健康的文体活动，增强集体观念，培养广泛的兴趣和爱好，避免孤僻的生活方式；提高对毒品的防御能力，不要结交有吸毒恶习的朋友或听信他们的谗言；决不可因好奇而尝试毒品，防止上瘾而难以自拔；一旦沾染毒品，要积极主动向老师和学校报告，自觉接受学校、家庭及社会有关部门的监督戒除及康复治疗。

348. 大学生如何正确认识宗教，抵制邪教？

宗教与邪教有着本质的区别。在宗教中，神和人是有别的，再有权威、再德高望重的神职人员（僧侣、主教、神父、牧师、道士等）也不得自称为神；邪教主却自称为神；宗教的传教活动是公开的，僧侣在寺庙中公开讲经，主教、神父在教学中公开布道，教民可在教堂公开举行教务活动，这是人们所常见的。邪教则经常进行隐蔽的活动；宗教并不反社会、反人类，而邪教则反社会、反人类；宗教不允许神职人员个人骗财敛财，而邪教教主则大肆掠夺别人的财产据为己有；宗教有自己的典籍和教义，邪教的所谓教义都是危言耸听的歪理邪说。

大学生要坚决抵制邪教的侵害，应做到以下几点：

（1）大学生应当参加合法的社会组织，参与健康向上、有益身心的社会活动，包括体育健身活动。

(2)警惕境内外反动宗教组织对我国的宗教渗透。如果接到了散发或邮寄的宗教宣传品或参加宗教组织的活动的邀请信，切不可轻易参加或将宗教宣传品在同学、朋友中散发，而应主动报告学校保卫部门或党组织，并配合学校进行工作。

(3)大学生应当努力学习科学知识、科学思想、科学方法和科学精神。只有“四科”具备，才能正确地分析问题，解决问题，正确地认识世界，改造世界。

(4)大学生要学会识别真伪，分辨善恶，分清宗教与邪教的本质区别，分清我们提倡的“真、善、美”与“法轮功”的本质区别，从根本上认清“法轮功”反人类、反社会、反科学、反政府的反动本质。

(5)大学生要永远站在党和人民一边，与邪教“法轮功”及其他非法组织进行坚决的斗争，用实际行动去反对迷信，反对邪教，用实际行动去维护学校稳定。

349. 大学生如何维护国家安全，防止失密、泄密？

国家安全一般是指作为政治权力组织的国家及其所建立的社会制度的生存与发展的保障。它包括国家独立，主权和领土完整以及相关的国家政权、社会制度和国家机关的安全。广义的国家安全包括国防、外交、政治、经济、文化、社会、隐蔽战线安全等方面，狭义的国家安全仅指隐蔽战线安全。

我国规定的危害国家安全的行为包括：阴谋颠覆政府，分裂国家，推翻社会主义制度；参加间谍组织或者接受间谍组织及其代理人的任务；窃取、刺探、收买、非法提供国家秘密；策划、勾引、收买国家工作人员叛变；进行危害国家安全的其他破坏活动。

作为大学生要维护国家安全，就要做到：要始终树立国家利益高于一切的观念；要努力熟悉有关国家安全的法规；要克服妄自菲薄、崇洋媚外等不正确思想；要积极配合国家安全机关的工作；收到各种反动宣传品，不要传看，要及时交到学校保卫部门；要严守党和国家秘密，自觉地同失泄密行为和窃密行径作斗争。

要增强国家安全意识，还要学习保密常识，接受保密知识教育，增强保密意识，严格遵守保密制度。在对外交往中坚持内外有别，在与境外人接触时不带秘密文件、资料和记有秘密事项的记录本，对方向我直接索取科技成果、资料、样品或公开询问我内部秘密，要灵活予以拒绝；不经主管部门批准，不带境外人员参观或进入非开放区，不准境外人员利用学术交流、讲课的机会进行系统的社会调查，不经有关部门批准，不得填写境地外人员的各种调查表，或替他们写社会调查方面的文章；在新闻出版工作中，不得随意刊载有关国防、科研等事关国家机密的事项；参加国际学术会议或在国外刊物上发表文章，要按规定办理审查手续；不得为境外人员提供或代购内部读物和资料。

要自觉遵守保密的有关规定，做到：不该说的机密，绝对不说；不该问的机密，绝对不问；不该看的机密，绝对不看；不该记录的机密，绝对不记录；不在普通电话、明码电报、普通邮局传达机密事项；不携带机密材料游览、参观、探亲、访友和出入公共场所；不在通信中谈及国家机密，不在普通邮件中夹带任何保密资料。

350. 怎样提高校外勤工助学活动的安全性？

(1)防止被不法中介利用。

(2)不要轻易交纳各种费用。

(3)不要轻易把个人资料提供给陌生人。

(4)不要轻易将自己的财物借予他人。

(5)要树立法制观念，学会用法律武器维护自己的合法权益。

351. 怎样提高家教活动的安全性？

(1)通过学校、熟人和正规的中介所寻找家教工作，对小广告和其他来路不明的家教信息不可轻信。

(2)第一次前往学生家中讲课要请同学陪同,在对学生家长了解、确保安全的基础上才可继续。

(3)在未了解和熟悉情况的前提下不在学生家中吃饭和喝任何饮料,不和学生家长外出吃饭;女生不应接受男性家长单独赠送的礼物。

(4)外出做家教时一定要告诉同学做家教家庭的地址、电话,并告诉同学返校的时间,如果有其他情况,及时与同学们联系。

352. 怎样提高求职过程中的安全性?

(1)求职中尽量避免通过中介公司,对中介公司收取的中介费、培训费和押金等要保持警惕。

(2)多方面、多渠道地了解应聘单位的情况及背景,看看单位是否正规,业务是否合法,是否有投诉、不良记录等。如果单位在外地,一定要事先前往实地了解。

(3)参加面试时要确保面试地点安全,防止意外发生。

(4)签协议和劳动合同时一定要小心谨慎,明白自己的权利和义务,必要时要进行公证。

(5)注意纠正择业过程中的心理偏差,适应形势发展,树立正确的就业观。

第十三章　就业考研

353. 什么是职业生涯规划？

职业生涯规划(career planning)简称“生涯规划”，又叫“职业生涯设计”，是指个人与组织相结合，在对一个人职业生涯的主客观条件进行测定、分析、总结的基础上，对自己的兴趣、爱好、能力、特点进行综合分析与权衡，结合时代特点，根据自己的职业倾向，确定其最佳的职业奋斗目标，并为实现这一目标作出行之有效的安排。

354. 为什么要进行职业生涯规划？怎样进行职业生涯规划？

职业生涯是一个人一生的工作历程，将伴随我们的大半生，拥有成功的职业生涯才能实现完美人生。

第一，职业生涯规划可以发掘自我潜能，增强个人实力。一份行之有效的职业生涯规划将会有以下几方面的作用：①引导你正确认识自身的个性特质、现有与潜在的资源优势，帮助你重新对自己的价值进行定位并使其持续增值；②引导你对自己的综合优势与劣势进行对比分析；③树立明确的职业发展目标与职业理想；④引导你评估个人目标与现实之间的差距；⑤引导你前瞻与实际相结合的职业定位，搜索或发现新的或有潜力的职业机会；⑥使你学会如何运用科学的方法采取可行的步骤与措施，不断增强你的职业竞争力，实现自己的职业目标与理想。

第二，职业生涯规划可以增强发展的目的性与计划性，提升成功的机会。生涯发展要有计划、有目的，不可盲目地“撞大运”，很多时候我们的职业生涯受挫就是由于生涯规划没有做好。好的计划是成功的开始，古语讲，凡事“预则立，不预则废”就是这个道理。美国耶鲁大学曾对大四的学生做了一项“毕业后你的人生目标是什么”的调查。在这项调查中，只有 5%的学生对未来设定了明确的目标，其余 95%的学生对未来没有清楚的认识。经过 20 年后，1984 年再做追踪调查时发现了一个惊人的事实：那 5%有明确目标的人，他们的财富总和比其余 95%的人所有的财富总和高出许多。

第三，职业生涯规划可以提升应对竞争的能力。当今社会处在变革的时代，到处充满着激烈的竞争。物竞天择，适者生存。职业活动的竞争非常突出，要想在激烈的竞争中脱颖而出并保持立于不败之地，必须设计好自己的职业生涯规划。这样才能做到心中有数，不打无准备之仗。而不少应届大学毕业生不是首先坐下来做好自己的职业生涯规划，而是拿着简历与求职书到处乱跑，总想会撞到好运气找到好工作。结果是浪费了大量的时间、精力与资金，他们认为职业生涯规划纯属纸上谈兵，简直是耽误时间，有时间还不如多跑两家招聘单位。这是一种错误的理念，实际上未雨绸缪，先做好职业生涯规划，磨刀不误砍柴工，有了清晰的认识与明确的目标之后再把求职活动付诸实践，这样的效果要好得多，也更经济、更科学。

职业生涯规划的步骤如下：

第一步：评估自我。评估自我是为了更好地认识自我、了解自我。要通过科学认知的方法和手段，如借助于职业兴趣测评和性格测评以及周围人对你的评价等，对自己的职业兴趣、气质、性格、能力等进行全面认识，清楚自己的优势与劣势、特长与不足。

第二步：正确进行职业分析。现代职业具有自身的区域性、行业性、岗位性等特性。职业区域可能是城市，也可能是农村，可能是经济发达的特区，也可能是经济一般或贫困落后地区。职业生涯规划设计时要考虑到职业区域的具体特点，比如，深圳地区的特殊政策、环境特征。职业角色的发展与职业所在的行业的发展有着密切的关系，职业生涯规划时，不能仅看重单位的大小、名气，而要对该职业所在的行业现状和发展前景有比较深入的了解，比如，人才供给情况、平均工资状况、行业的非正式团体规范等。不同的职业岗位对求职者的自身素质和能力有着不同的要求，在职业生涯规划时，除了解所需的职业素质要求外，还要了解所需要的非职业素质要求，除了解所需要的一般能力外，还要了解所需要的特殊职业能力。

第三步：确定职业目标。职业目标是指人们对未来职业表现出来的一种强烈的追求和向往，是人们对未来职业生活的构想和规划，确立目标可以成为追求成功的驱动力，所谓“志不立，天下无可成之事”。因此在制定职业生涯规划时，关键是要确立好目标。目标又分短期和长期目标。长期目标一般是以后职业规划的顶点，短期目标则一般是近期素质能力的提升等。

第四步：培养职业需要的教育背景和实践能力。大学生的综合能力和知识面是用人单位选择大学生的依据。用人单位不仅考核其专业知识和技能，而且还考核其综合运用知识的能力、对环境的适应能力、对文化的整合能力和实际操作能力等。大学生进行职业生涯设计，除了构建自己合理的知识结构外，还应具备从事本行业岗位的基本能力和某些专业能力。从某种意义上说，能力比知识更重要，大学生只有将合理的知识结构和适应社会需要的各种能力统一起来，才能立于不败之地。调查研究表明：大学生应重点培养满足社会需要的决策能力、创造能力、社交能力、实际操作能力、组织管理能力和自我发展的终身学习能力、心理调适能力、随机应变能力等。

第五步:参加有益的职业训练。在确立了职业目标后,行动成了关键环节,没有行动,目标无从实现,因此,要指导大学生参与有益的职业训练。职业训练包括职业技能的培训、对自我职业的适应性考核、职业意向的科学测定等内容。大学生可多多参与校内外各种社会活动,比如,大学生"青年志愿者"活动、大学生毕业实习工作、大学生校园创业活动、校内勤工助学活动、暑期社会实践、从事社会兼职等工作。主动参与职业意向测评、职业兴趣分析测评等活动,从而更早更多地了解职业,掌握职业技能,以便更好地开展自己的职业规划设计。

第六步:评估与反馈。俗话说"计划赶不上变化",尤其在高科技信息时代,变化更是永恒的主题。由于影响职业生涯规划的因素很多,有的变化是无法预测的,因此,大学生应时刻关注环境的变化,从而不断地对职业生涯规划进行评估与修订。

355. 我校的《大学生职业生涯规划与就业指导》《大学生创业素养提升与创新思维训练》课程内容、教学方法和师资等方面的具体安排如何?

著名的职业生涯规划专家雷恩·吉尔森说:"一个人花在影响自己未来命运的工作选择上的精力,竟比花在购买一件穿了一年就会扔掉的衣服上的心思要少得多,这是一件多么奇怪的事情,尤其是当他未来的幸福和富足全部依赖于这份工作时。"

为帮助同学们提高学生生涯规划与发展意识,提升职业素养、提高就业竞争力,学校开设了职业发展相关课程。课程的基本情况如下:

《大学生职业生涯规划与就业指导》(通识教育核心课程,32学时,2学分):以寻找职业生涯起点为理念,帮助学生认识自己的专业发展和个人特点(兴趣、气质、性格、价值观等方面),形成客观的认识与评价,同时了解行业与社会需求,帮助学生作出正确的职业生涯决策,在此基础上,学习自荐材料的准备、简历撰写、求职面试等课程。课程是以职业发展为核心的生涯发展教育,既强调职业在人生发展中的重要地位,又关注学生的全面发展和终身教育。本课程主要通过小班化教学,采用讲授法、讨论法、心理训练法等各种方式最终达到提高学生职业规划意识和能力,提高就业竞争力的目的。本课程的授课教师大部分来自生涯发展教研室,其中包括就业创业指导中心负责生涯规划和就业指导课程的教师、各个学院的书记(副书记)、辅导员和部分教育学、心理学、人力资源管理等学科背景的专业教师。另外还包括一些具有比较丰富的职业实践经验的校外专家、人力资源领导。

《大学生创业素养提升与创新思维训练》(通识教育核心课程,32 学时,2 学分):本课程从交叉学科的视角,结合哲学、创业学、心理学、教育学等的理论与实践,培养学生的创新思维与提高创业意识与创业能力。在授课形式上采用课堂授课、专题讲座、团体辅导、企业家讲座、竞争模拟、创业项目实践等多元的形式,为学生提供创新与创业的学习实践平台,获得创新创业的能力与本领,并能在今后的学习工作中积极实践。课程结束后采用形成性评价和总结性评价相结合的方式进行考评,但主要以形成性评价为主。本课程的授课教师大部分来自生涯发展教研室,期中包括就业创业指导中心负责生涯规划和就业指导课程的教师、各个学院的书记(副书记)、辅导员和部分教育学、心理学、人力资源管理等学科背景的专业教师。另外还包括一些具有比较丰富的职业实践经验的校外专家、人力资源领导。

此外,作为职业发展课程的延伸环节,就业创业指导中心会根据实际情况进行走访校友、走访各地市人才市场等活动,同时每年会从学校层面组织一些职业辅导的系列活动,包括如何进行职业生涯规划、如何探索职业环境、如何提升职业素质等主题，职业辅导讲座、校友经验分享、职业沙龙、团体工作坊等形式在内的多种活动，从知识、技能、实战等多方面多角度为在校生提供帮助。

356. 我校大学生职业发展教育活动有哪些？

目前，我校大学生职业发展教育已经形成课程体系、品牌活动、职业咨询、工作坊、学生社团五位一体的教育机制。

学校依托于4H工作室和生涯发展教研室，推进职业发展教育目标，即课堂教学普及化、品牌活动超市化、职业咨询个性化、师资队伍建设专家化、社团发展项目化，达到更好服务于学生成长、成才的目标。具体服务如下：

课程体系：《大学生职业生涯规划和就业指导》《大学生创业素养提升与创新思维训练》等相关职业发展教育课程。

品牌活动：职业教育和就业教育。每年9～10月，举办职业教育，每年3～6月举办就业教育，以讲座、报告、工作坊、沙龙、座谈等多种方式开展，帮助学生了解就业政策、准备求职材料、提高求职能力、解读职场问题。

职业测评：就业创业指导中心在网上开辟了职业规划测评系统，包括职业性格测评和动力系统测评两方面，共187道题。通过测评，可以使你对自己的性格、能力、价值观等有一个全面的了解，为你进行职业规划、确定职业目标提供思考。

职业咨询：现已开通了网络、电话预约的咨询渠道，将由专业老师依托职业规划的理论和心理学的工具，帮助你了解就业政策、分析自身特质、认识职业世界，从而为更好地开始自身的职业生涯奠定基础。电话预约：5688346。

357. "4H"工作室职业咨询能提供什么帮助？

针对当前大学生在应对升学、求职中产生的多样化、个性化的困惑，学校就业创业指导中心从学生实际需求出发，于 2013 年 5 月依托于“4H”工作室（4H，即启航、导航、领航和护航）面向全校学生推出免费职业生涯咨询服务。该服务以学生个体预约、与职业生涯咨询师一对一面谈的方式进行，帮助来访学生分析兴趣爱好、个性特征、能力特长，共同讨论如何应对职业选择和求职过程中遇到的困难和挑战。迄今为止已接待百余人次的预约咨询，有效地提高了他们解决问题的能力，帮助他们发掘自身技能优势，更好地选择未来发展道路。

在职业生涯咨询中，学生将与咨询师一对一面谈职业生涯方面的问题和困惑，咨询师将根据学生的需要，帮助其选择适合的职业发展方向。学生是自己职业生涯的主人，也是职业生涯咨询的主要责任人，因此，需要学生主动地敞开心扉，积极地与咨询师探讨自己的想法，认真完成咨询师布置的家庭作业，努力学习咨询师教授的职业规划技巧。职业生涯咨询将在以下几个方面提供帮助：

(1)自我了解：帮助你深入剖析自己的兴趣爱好、性格特征、能力特长，以及你对人生意义和价值的看法。

(2)职业探索：与你探讨收集职业信息的技巧，帮助你提高收集职业信息的能力。

(3)职业决策：帮助你使用理性、科学的方法分析多种职业选择，作出恰当的决策。

(4)求职技巧：帮助你提高准备简历、面试的能力。

(5)求职心理：帮助你提高应对求职中挫折和困境的能力，学习心理调适的方法。

358. 职业咨询预约方式是怎样的？

预约方式：

(1)邮件预约：登录我校网站首页，依次点击：招生就业→就业信息网→职业指导→常用下载：下载并填写职业生涯咨询预约登记表，以附件形式发送至 zhiyefudao@163.com，邮件主题请标注“职业生涯咨询预约”。

(2)电话确认：在接收到预约邮件后，我们会在一个工作日内与您确认，并安排咨询师及咨询时间。

咨询流程：

(1)事先预约的同学请在预定时间提前 5 分钟到文轩苑(原湖西楼西侧外籍餐厅)职业咨询室等候。

(2)一次咨询时间约为 1 小时，请掌握好咨询时间。

(3)本中心严格恪守职业伦理，为所有咨询者保密。

注意事项：

单次预约的辅导时间约为 1 小时，如果需要多次辅导，可在辅导结束时与咨询师沟通确定。因为预约时段安排较紧，为保证足够的咨询时间，来访同学请提前至少 5 分钟到达指定咨询地点，切勿迟到。为避免咨询机会浪费，已经预约成功的同学如果因个人原因希望取消预约，请至少提前一个工作日与中心沟通，以便于我们联系预约队列中的同学递补。

359. 大学四年的学习生涯规划该如何进行？

根据大学生的认知水平、身心特点和应具备职业素质的需要，在内容上设置四个教育阶段：第一阶段是职业规划期(大一)，指导大学生树立职业意识，正确理解和处理职业与专业的关系，在了解社会需求和自我认知的基础上，初步做出职业生涯规划；第二阶段是职业素质训练期(大二、大三)，通过系统的内容指导，逐步具备择业、就业所需的相关条件；第三阶段是就业实施阶段(大四)，帮助学生了解就业程序，选择就业渠道，掌握就业技能，毕业后就能够及时就业；第四阶段是职业适应期，指导学生转变观念，适应职业需求，在职业岗位上实现人生价值。这四个阶段紧密联系、相互支撑、环环相扣，形成了一个科学的教育体系(见下表)。

项目 阶段	目标	主要内容
一年级	了解大学生活，适应大学生活，了解自己专业及就业前景	※学习计算机基础知识，掌握基本的操作技能 ※转变角色，学习方法很重要，大学更多的是自觉学习 ※积极与老师、辅导员以及学姐学兄交流，了解本专业的学习内容 ※积极参与科研立项、寒暑期社会实践活动 ※大胆地做一些想做的事情，接触新事物，尽快适应大学生活 ※社交范围不要仅限舍友或同班同学，积极参与校园学生组织 ※在大一下学期可通过选修《大学生生涯规划》或《就业指导》等课程，了解职业生涯规划基本知识，尝试对自己的校园生活进行规划
二年级	(1)掌握专业知识、操作技能，提高综合素质 (2)大二是重要的一年，是基本功和一定的社交能力提高的关键一年，要有所规划，为大三就要面临的考研、就业、出国、创业等选择奠定基础	※提高英语口语，有一定的实践运用能力，考取相关证书 ※通过专业学习，扎实自己的专业知识，并具备一定的应用能力 ※学有余力的同学，可学习与所学专业、择业方向有关的知识扩展(如双学位等) ※通过在学生会、社团等担当领导职务，锻炼自己的组织、协调和沟通、应变能力 ※带领社会实践、科研立项等活动团队，提高自己的责任感、耐性和对挫折的承受能力 ※通过学校提供的实习信息、组织的实习招聘会，了解实习的有关事项，把握机会，利用假期进行实习，丰富自己的工作经验，这会在将来的面试中增添重要的砝码

续表

项目 阶段	目标	主要内容
三年级	(1)对毕业去向有所计划。考虑并明确毕业去向:就业、升学、创业、出国 (2)根据自己选择的方向制定具体计划,着手准备	取得一定的学习成果,切不可懈怠。 决定就业的学生准备以下几方面的工作: ※选修《就业指导》等课程 ※参加未来与求职领域有关的实践锻炼,从中汲取营养 ※学习简历、求职信写作、求职礼仪、形象设计等求职技巧 ※搜集并了解工作信息的渠道,并积极尝试 决定考研的学生可做以下几方面的工作: ※咨询学长、老师考研相关事宜,着手准备相关书籍、资料 ※关注考试政策、学校、专业的最新动态
四年级	落实毕业去向,圆满完成学业。	回顾总结大学校园生活; 选择就业的同学需要做以下几方面的工作: ※首先搜索各大招聘网站,包括"应届毕业生网""中华英才网"以及所选就业城市的网站,各大高校就业信息网等 ※再根据自己的兴趣、专业与市场需要正确的定位和定向 ※然后筛选招聘信息,寻找目标,强化求职技巧、进行模拟面试等训练;可以多看这方面的书籍以及学校组织的讲座 ※积极参加宣讲会、招聘会、投送简历,积累择业就业的实践经验,不断提高就业竞争力 选择考研的同学可以做好两手准备: ※考研成功继续深造;考研不成功就要重新考虑毕业去向。是升学,还是就业,根据自身的综合因素作出选择

360. 我校就业创业导师的具体规定有哪些？

为了帮助学生正视严峻的就业形势，了解国家的相关就业政策，提高我校全员参与就业工作的积极性，培养学生的职业生涯规划和职业选择的自主意识，帮助大学生树立正确的就业观，提高学生在未来人才市场的就业竞争能力，学生处就业创业指导中心决定在班级设立就业委员和为每个班级配备就业导师。

我校实施就业创业导师制的原则，是坚持以人为本，以促进学生成长成才为宗旨，服务于学校人才发展战略，促进学生个人和学校人才培养体系的良性发展。

我校实施就业创业导师制的目标，是通过就业创业导师的帮助，使学生进一步了解职场、社会，加深其对未来职业发展、自我社会定位的深层认识。同时通过了解就业导师的职场成功经验、人生智慧，培养学生敏锐的职业眼光，拓展其个人视野，助其借此建立广泛的社会关系，丰富人脉资源，为就业提供更多的渠道与空间。

我校就业创业导师主要的工作内容和方式：讲授《大学生职业生涯规划》和《就业指导》课；实施“一对一”师友计划，主要针对四年级学生，通过平时的相处与沟通，协助学生了解行业、鼓励学生参加各种活动，探讨有关问题，建立信心，挖掘学生的发展潜力和拓展能力；实施“一对多行政助理计划”，主要针对低年级学生，不定期地组织学生参加几次行政、商务或者管理活动；采取“Career俱乐部”形式，不限年级，结合学生遇到的具体问题，由就业导师与受导学生共同商讨。

我校对就业创业导师的配备要求如下：

(1)就业创业导师的选择范围主要是优秀的校友和关心大学生成长成才的社会各界人士，包括政府部门、事业单位、国企、私企、社会团体的成功人士和人力资源专业人士。

(2)就业创业导师的主要条件是思想政治素质过硬、社会责任感强、有成功的事业发展和职业经验、社会资源丰富、热心大学生成长成才和就业。

(3)就业创业导师旨在每个专业中实施,力争在3～5年内至少为每个专业配备3～5名就业导师。

361.我校就业委员的具体规定有哪些?

班级就业委员是班级学生干部成员,享受班级干部的所有待遇。其主要工作职责包括,在平时的学习、生活中了解班级同学在职业发展和就业中存在的困惑,参与就业创业指导中心组织的团体职业辅导,就业招聘会,职业生涯规划与就业指导宣传;积极与就业创业指导中心老师配合,在提高自身职业生涯规划和就业能力的同时,做好就业政策的宣传、组织同学参加就业创业指导中心的活动,以提高同学们的就业竞争力。

就业委员(可兼职)一般从大一上学期开始选拔,在大一下学期选修《职业生涯规划》课程合格后,大二上学期开始上任。就业委员要在大三上学期选修《就业指导》课程,参加相应的教育培训,并具有很强的助人意识和责任心。

就业委员除参加学校的职业生涯规划和就业指导课程外,就业创业指导中心还会为学生提供工作坊、到企业参观考察、到其他高校学习以及校内的其他相关培训。

362.如何进行自我定位?

简单地说,就是首先确定你是谁,你适合做什么工作;其次告诉别人你是谁,你擅长做什么工作。

定位是自我定位和社会定位两者的统一,一个人只有在了解自己和了解职业的基础上才能够给自己做准确定位。

第一,要了解自己。主要是核心价值观念、动力系统、个性特点、天赋能力、缺陷等。方法：可以自我探索，可以请他人作评价，可以借助心理测验——充分地了解自己。

第二，要了解职业。包括职业的工作内容、知识要求、技能要求、经验要求、性格要求、工作环境、工作角色等。方法：询问业内的专家达10名以上，参照业内成功人士。

第三，要了解自己和职业要求的差距。你可能会有多种职业目标，但是每个目标带给你的好处和弊端不同，你需要根据自己的特点仔细地权衡选择不同目标的利弊得失，还要根据自己的现实条件确定达到目标的方案。

第四，要确定如何把自己的定位展示给面试官和上司。确定了自己的职业取向和发展方向之后，你需要采用适合的方式传达给面试官或者上司，以此获得入门和发展的机会。

363. 如何进行职业生涯人物访谈？

生涯人物访谈是通过与一定数量的职场人士（通常是自己感兴趣的职业从业者）会谈而获取关于一个行业、职业和单位“内部”信息的一种职业探索活动。通过访谈，了解该职业岗位的实际工作情况，获取相关职业领域的信息，进而判断你是否真的对该工作感兴趣，实际上是一次间接、快速的职业体验。

生涯人物访谈是大学生职业选择和职业定向的一个自助平台，是在校期间职业生涯规划的一个环节，是一种获取职业信息的有效渠道，目的在于使学生了解和认识社会需求、职业需求、职业环境和基本状况，帮助求职者（尤其是在校大学生）检验和印证以前通过其他渠道获得的信息，并了解与未来工作有关的特殊问题或需要，如潜在的入职标准、核心素质要求、晋升路径和工作者的内心感受等（这些信息是通过大众传媒和一般出版物得不到的）。通过生涯人物访谈，还能正确认识自己的优势和不足，从而制定更加合理的大学学习、生活计划。

生涯人物访谈的操作流程主要包括以下内容：

(1)寻找生涯人物

结合自己的兴趣、技能、工作价值观、教育背景和已掌握的职业知识列出未来可能从事的几个职业，然后在每个职业领域寻找3位以上的在职人士作为生涯人物。生涯人物可以是自己的亲人、老师和朋友，可以是他们推荐的其他人，也可以借助行业协会、大型同学录或某个具体组织的网页来寻找其他职场人士。

注意：生涯人物的职业应是自己向往的。每个职业领域的生涯人物应结构合理，既有初入职场的人士，也有工作了一定年限的中高层人士；正式访谈前，对生涯人物的信息掌握得越全面越好，姓名、职务和联系方式是必需的，对于可以在生涯人物的讲话、文章或者大众传媒和单位网页上可以获得的信息要尽可能地收集和熟悉。

(2)拟定访谈提纲

结合目标职业信息设计访谈问题，对生涯人物的访谈可以围绕以下要点进行：行业、单位名称、职业(职位)、工作的性质类型、主要内容、地点、时间、任职资格、所需技能、市场前景、行业相关信息、工作环境、工作强度、福利薪酬、工作感受、员工满意度等。

(3)预约并实地采访

预约方式有电话、QQ、电子邮件和普通信件等，其中电话最好。预约时首先介绍自己，然后说明找到他的途径、自己的采访目的、感兴趣的工作类型以及进行采访所需要的时间(通常30分钟左右)，确认采访的日期、时间和地点(注意：联系前的准备要充分，电话联系时还应备好纸和笔，以备临时电话采访；联系时一定要有礼貌，时间要短)。

访谈方式可以是面谈、电话访谈、QQ访谈，最好是面谈。面谈前，采访者一般可以用已经从其他渠道了解的生涯人物的好消息轻松打开话题。之后就可以按设计好的问题开始访谈了。遇到生涯人物谈兴正浓时，采访者要乐于倾听，给生涯人物留出提供其他信息的机会。在访谈结束时，请生涯人物再给自己推荐其他相关的生涯人物。这样就可以以滚雪球的方式拓展自己的职业认知领域。

注意：①采访前为自己准备个“30 秒的广告”，因为在访谈过程中生涯人物可能会问采访者的职业兴趣和求职意向。②面谈前，应征求生涯人物的意见，视情况对谈话进行录音、或书面记录、或不记录。③面谈一定要守时、简洁，不浪费他人时间。④访谈结束后，对于不允许访谈现场记录的内容应迅速补记。⑤采访结束后一天之内，要通过合适的方式表示感谢。

(4)访谈结果分析

在一个职业领域采访三个以上的生涯人物后，用职业信息加工的观点来分析，对照之前自己对该职业的认识进行比较，找出主观认识与现实之间的偏差，确定自己是否适合这一行业、职业和工作环境，是否具备所需能力、知识与品质，形成书面总结报告，进而详细制定大学期间的自我培养计划。如果访谈结果与自己之前的认识出现严重脱节，就有必要进入另一个职业领域开展新一轮生涯人物访谈。

364. 什么是职业测评？

职业测评是一种了解个人与职业相关的各种心理特征的方法。准确地说，职业测评是应用到职场上的心理测验，它通过一系列的科学手段对人的一些基本心理特征，包括能力、兴趣、性格、气质和价值观等进行测量与评估，分析受测者的特点，再结合工作的特点，帮助受测者进行职业选择。测评能快速发现个人特点和问题。如果把有丰富经验的咨询师比作老中医的话，那么就像号脉一样，他可以通过和求职者沟通过程的细枝末节判断一个人的性格兴趣等等。但并不是每一个职业咨询师都能够具备老中医的经验,要借助化验手段等来为病人确诊。而职业测评就像化验手段一样,能够快速地发现每个人的特点和问题所在,所以认识自我,进行职业生涯规划不一定需要职业测评,但职业测评最直接的好处就是提高效率。

我校使用的吉讯大学生职业测评与规划系统是专门为大学生自助进行职业生涯规划而设计的在线产品,由教育部全国高等学校学生信息咨询与就业指导中心和北京北森测评技术有限公司联合研发而成。该系统积累多年相关实践工作经验,融合国外同类产品的先进理念,不但可以帮助大学生进行各类职业生涯决策,而且还能引导大学生学会如何科学规划自己的职业生涯。

365. 我校学生怎样进行职业测评?

学校进行职业测评的准备工作:

(1)学院上报学生的基本班级数据,提交就业创业指导中心,中心对数据进行整理,上传到测评的数据库中。或者由学院直接录入本学院基本班级信息。

(2)中心和学院对数据库进行双重的维护与管理。

(3)数据库建立起来后,学生才可以登录学生就业信息网进行网上在线测评。

学生在线测评的基本步骤:

登录我校网站首页,依次点击:招生就业→就业信息网→(学生就业服务平台下的)吉讯生涯规划测评,进入后点击“马上注册”后再进行登录使用。

测评系统包括现状评估、自我了解、职业探索、决策行动、结果中心等板块。

(1)信息注册

点击页面上“马上注册”进入注册页面;学生使用真实姓名和身份证及邮箱进行注册登录后,先完成信息补充;点击“完成注册”

完成信息填写，然后跳转到吉讯首页，学生可以进行系统中的任何其他操作。再次使用时可用注册时的邮箱和密码直接登录便可进入吉讯首页。

(2)自我了解

该板块包括“现状评估”“价值观”“职业兴趣”“职业性格”“职业技能”，可分别进入不同测评，完成对相应特点的自我测评，获得报告，了解自己的特点。

(3)职业探索

职业探索是职业生涯规划中很重要的一步，也是系统中的关键之一，系统在“职业”这部分包含三个部分：推荐职业、职业查询、收藏职业。

(4)决策行动

该流程包含两个方面，即决策过程和行动计划。

(5)结果中心

为了使学生更方便快捷地查看到自己曾做过的报告，系统特意设计了“结果中心”功能。学生点击相应的图片即可查看不同的测评报告。同时，学生在所有页面都可通过左侧“我的报告”部分查看自己已经完成的测评报告。

366. 进行职业测评的注意事项有哪些？

(1)把握测评时间：测评题目是187个，建议测评时间控制在半小时内，最好一次完成。不要在生病的时候做，同时也不要在匆忙之间或者还有其他事情时做。

(2)把握测评的心态：测评结果没有对错和好坏的区别。测评时，应该保持平静的心态，以自己的第一感觉（直觉）作答，而不是以个人认为正确的答案作答；测评不是考试，不是为了展现成绩而是要了解真实的自我，所以以平时表现答题，而不是以希望的表现答题。

(3)测评题目的选择:两难选择的题目在测评中叫“迫选题”,是在模仿生活中或者工作中的情景,就像生活中也经常遇到两难选择,不知道该怎么办。测评时如果遇到这种题目,凭第一印象答题即可,不要考虑或者分析过多。

(4)测评报告的使用:大部分人看完测评报告后留下的印象就是我适合从事什么行业的部分,而报告中真正重要的东西是对个体优势、劣势、岗位特质、发展建议等的详细分析,而且对分析部分的理解会随着个人的成熟度的增加而加深,所以报告应该每隔一段时间,比如,半年、或者参加工作职业有阶段性发展时,仔细阅读,会发现更有价值的东西。

367. 未来企业精英选拔大赛是什么,学生如何参与?

(1)大赛介绍

未来企业精英选拔大赛是我校就业创业指导中心举办的求职竞技型比赛,它模拟当前备受欢迎的求职节目“职来职往”,并加以创新和改革,对参赛选手进行一系列模拟职场考核,考验选手的应变和表达能力等。企业则从中挑选出能力突出并有就业意向的人才,为其提供实习机会,满足学生与企业双向需求。在2013年11月的活动中,由“玲珑集团”出资全程赞助的八名同学和六家企业达成了合作,八名同学进入到烟威名企进行实习。

(2)大赛流程与形式

大赛分为初赛、复赛和决赛三个部分:

初赛:简历设计以及团体面试(从中选出30人进行复赛)。

复赛:分三场进行,每场2个环节(评委根据选手回答打分,每场第一环节淘汰2人,当三场的第二环节结束后选出评分最高的前9位进入决赛)。

决赛:由“选手VCR展示”“职业相关考评”“职场达人举牌后选手决定实习企业”三部分组成。首先,选手采用DV形式进行自我展示和简单的自我介绍(每人限时5分钟),评委根据选手的表现进行打分,淘汰分数较低的三位选手。其次,采用选手面试的形式,三位当考官,另外三位当应聘者,由评委打分淘汰三名选手。最后,模拟电视节目“职来职往”的形式,评委根据每位选手的表现进行投票,票数最多的选手为冠军。

(3)大赛参与方式

关注我校就业创业指导中心网站的通知,由各学院学生自愿向本院就业委员报名,填写《参赛选手报名信息统计表》,并提交简历。每年会根据学校具体情况有所变动,详细情况可以关注就业信息网。

368. 我校保送研究生相关政策是什么?

我校的研究生保送工作大概在每年的9月开始。近两年来,具有保送资格的名额基本在10%左右,具备推免资格后学生需要自己联系接收高校。

在推免资格方面,我校的推免条件每年都会有所变化,推免的排名成绩由学业成绩、基础性素质分值和发展性素质分值按照不同比例构成,从综合的角度出发来考察学生的综合素质。在推免前可以先估计一下自己是否具有推免资格,如果可能有资格要多关注教务处的网站,同时也可咨询辅导员老师、教务员老师或本学院负责教学的院长。

369. 研究生报名是在什么时间?研究生报名的程序是怎样的?

每年的研究生报名大概是在11月前后。首先进行网上报名(每年10月),提交报名信息,然后现场报名(每年11月初),交费、照相、确认网报信息。请随时关注研究生信息网。

370. 我校与哪些国家的高校有交流与合作关系，毕业生如何参与？

学生海外经历工作自2003年开展以来，先后与美国、英国、法国、西班牙、瑞典、德国、俄罗斯、澳大利亚、新西兰、韩国、日本等13个国家和我国台湾、香港地区的75所高校建立了合作关系。开发培育了“一年访学”“1+2+1双学位”“2+2双学位”“3+1+1本硕连读”等多种项目，共派出近2000名同学赴海外高校交流、学习。继续加强与澳大利亚国立大学、西澳大学，英国南安普顿大学、伦敦大学皇家霍洛威学院，美国加州大学伯克利、欧文、戴维斯和圣地亚哥分校，华盛顿大学圣路易斯分校等“名校访学计划”，为学生海外经历工作搭建高层次平台。具体项目情况请登录“学校主页”—“国际教育”—“海外经历”栏目查询。

371. 毕业生应征入伍服义务兵役享受哪些优惠政策？

高校毕业生应征入伍服义务兵役，除享有优先报名应征、优先体检政审、优先审批定兵及其他优惠政策外，还享有下列优惠政策。

(1)优先选拔使用。同等条件下，高校毕业生士兵在选取士官、考军校、安排到技术岗位等方面优先；具有普通高等学校本科以上学历、取得相应学位的高校毕业生士兵，表现优秀、符合总政治部有关规定的可以直接选拔为军官。

(2)考学升学优惠。具有高等教育学历的士兵退役后，参加政法院校为基层公检法定向岗位招生时，优先录取；退役后三年内参加硕士研究生考试初试总分加10分，立二等功及以上的，退役后免试推荐入读硕士研究生；具有高职(高专)学历的，退役后免试入读成人本科或经过一定考核，入读普通本科。

(3)补偿学费和代偿国家助学贷款。对应征入伍的高校毕业生，由中央财政实施相应的学费补偿和国家助学贷款代偿。具体实施办法另行规定。

372. 应届毕业生应征入伍需要满足的基本条件有哪些？

（1）政治条件

按征兵政治审查的内容包括应征公民的年龄、户籍、职业、政治面貌、宗教信仰、文化程度、现实表现以及家庭主要成员和主要社会关系成员的政治情况等。征集服现役的公民必须热爱中国共产党，热爱社会主义祖国，热爱人民军队，遵纪守法，品德优良，决心为抵抗侵略、保卫祖国、保卫人民的和平劳动而英勇奋斗，等等。

（2）身体条件

应征入伍的公民要身心健康、体魄强健。其中，有几项基本条件：

身高：男性 160cm 以上，女性 158cm 以上

体重：男性：不超过标准体重的＋30％、－15％

女性：不超过标准体重的＋20％、－15％

标准体重＝（身高－110）kg

视力：右眼裸眼视力放宽至 4.6，左眼裸眼视力放宽至 4.5。经准分子手术后半年以上，双眼视力均达到 4.8 以上，无并发症，眼底检查正常。

内科：乙型肝炎表面抗原呈阴性等。

（3）年龄条件

男生放宽到 24 周岁，女生放宽到 22 周岁。

373. 普通高等学校应届毕业生应征入伍的具体流程是什么？

网上报名阶段：2 月初至 6 月底，符合征集条件的男学生登录全国征兵网进行兵役登记和应征报名，女生报名从 6 月份开始。

初检初审阶段：根据兵役机关的通知，参加身体初检、政治初审，一般在6月份完成。

体检政审阶段：根据兵役机关安排，参加征兵体检、政审，一般在离校前完成，符合条件的下发预定兵通知书。

审批定兵阶段：9月上旬，优先批准体检、政审合格的应届毕业生预定兵对象入伍。

补偿代偿阶段：持《入伍通知书》及兵役机关复核盖章的《高校学生应征入伍学费补偿国家助学贷款代偿申请表》，到学生资助管理部门办理学费补偿和国家助学贷款代偿，学校将入伍毕业生补偿学费和代偿国家助学贷款款项汇至指定银行账户或贷款银行。

374.“求职达人”活动的具体内容是怎样的？

为挖掘我校毕业生的求职经历，为在校学生未来发展和求职就业提供帮助，促进学生高层次高质量就业，学校近年来连续开展应届毕业生“求职达人”活动，具体要求以及流程如下：

参选对象：

我校全体全日制应届毕业生（包括研究生）。

参评时间：

毕业学年的秋季9月上旬至春季4月下旬。

参评条件（参评学生须具备以下条件之一）：

（1）在校期间通过勤奋学习，积极实践，掌握过硬的专业技能和全面的综合素质，实现成功就业；

（2）求职经历丰富，通过自身不懈努力，最终找到理想工作；

（3）转变就业观念，响应国家号召，西部就业、基层就业、投身国防建设、返乡就业等，事迹突出。

评选数量：

全校范围内评选就业层次、就业质量相对较高且具有代表性的毕业生总人数的1.5%～3%的比例。

评选办法：

(1)推荐者需填写《山东大学(威海)“求职达人”评选申请表》，并按提纲要求撰写不少于2000字的求职经历及经验分享，电子版和纸质版一并报送。

(2)评选材料报送到大学生就业创业指导中心，学院随时报送。

(3)大学生就业创业指导中心将根据上报学生材料对其事迹进行宣传，学校最终通过评审的方式于毕业学年春季4月底前后公布最终入选名单。

奖励措施及相关事宜：

(1)最终入选者将获得由学校提供的每人1000元求职补贴及荣誉证书。

(2)获评学生的求职经历和经验分享将集结成册，赠阅本人并供在校生传阅学习。

(3)届时，学校和学院将邀请获评“求职达人”的同学进行求职经验分享交流，入选同学有义务接受邀请分享个人的求职故事。

(4)学校大学生就业创业指导中心将持续关注并跟踪入选同学，入选学生需在工作后填写就业跟踪信息表，以了解学生的个人成长经历和职业发展之路。

往届活动精彩内容，欢迎关注山东大学(威海)就业信息网→职业指导→生涯规划栏目下的相关历史报道，获取往届求职达人分享的求职信息。

375. 如何选择就业、考研究生和出国深造?

考研与就业一直是许多大学生在毕业的十字路口难以取舍的选择。其实不能单纯说考研、就业还是出国留学哪个更好，这还要结合学生个体的特征和专业性质。比如，一些人对研究很感兴趣，于是便选择了读研究生、读博士。这是处于自身的发展考虑，而不是盲从于就业的压力，考研使他们在职业技能、个人素质、人生发展得到了进一步的提升，这样考研才有意义。而对于一些人，考研是一种妥协的后果，屈服于就业的压力，屈服于自己的不自信，屈服于周围的考研气氛，这种考研有什么好的结果呢？总的来说，这要根据自己的实际情况来决定。这还是属于职业生涯规划的问题。当前就业形势比较严峻，正处于困难高峰期，考取研究生在一定程度上可以避开高峰期。因此，大学生可继续选择深造，不断充实自己。但同时也应该注意到有些同学可能更适合就业。因此，在选择考研还是就业时，一定要考虑自己内心的感受。是否真的需要？是否有利于自己今后的发展？读研的目标是什么？如此这般去思考一番，也许最后的决定对于自己是终身受益的。

376. 山东省及我校每年对特困家庭毕业生就业的帮扶措施如何？

根据《山东省人民政府办公厅关于做好特困家庭高校毕业生就业工作的通知》(鲁政办发〔2008〕21 号)规定，特困生是指符合城乡低保、零就业家庭、农村贫困家庭等特殊情况，就业有困难需要帮助的山东生源应届普通高校毕业生。其中，升学、出国、参军、指令性就业、暂无就业意愿的除外。

山东省特困家庭毕业生由所在学校确定，比例一般不超过当年毕业生总数的 5%。为方便信息数据的上报和统计管理，不再单独报送特困家庭毕业生生源信息库，每年特困家庭毕业生生源信息与当年全部生源信息一并上报。山东省大中专就业指导中心为山东省特困家庭毕业生发放就业服务卡，所有特困家庭毕业生会发放一定金额的就业补贴，并在就业政策上有一定程度的优惠。

377. 毕业生签约与解约流程是什么？

我校毕业生签约与解约办理都要通过“山东高校毕业生就业

信息网”(www.sdbys.cn)，签约省内单位与省外单位流程不同，具体流程如下：

(1)毕业生与省内用人单位在信息网上签约流程

第一，用人单位向毕业生发送签约邀请，毕业生应约后，用人单位与毕业生网上达成签约意向。

第二，就业协议书经过就业主管部门鉴证后，网上就业协议正式生效。

第三，经过就业主管部门鉴证后，用人单位可以打印就业协议书，用人单位和毕业生分别在打印的协议书上盖章签字后，书面协议正式生效。

第四，毕业生送盖章签字的协议书到学院网上存档，同时系统自动发签约信息到学校，学校审核存档就业协议书后，签约过程结束。

(2)毕业生与省外用人单位在信息网上签约流程

第一，如果省外用人单位是“信息网”注册用户，则毕业生与省外用人单位的网上签约与省内用人单位网上签约流程相同。

第二，如果省外用人单位是“信息网”非注册用户，则按如下流程来办理：①毕业生向学院提出省外就业申请，学校老师审核通过后发放全国统一协议书；②毕业生与省外用人单位签署全国统一协议书后，在“信息网”上录入外省协议书内容；③学院分管老师在“信息网”上审核毕业生录入的外省协议书(同时审核已签署的全国统一的协议书)，审核通过后转入就业方案库。

(3)解约流程

解约有两种方式：一种是用人单位提出解约申请，另一种是毕业生提出解约申请。具体操作如下：如果毕业生签约的用人单位首先提出解约申请，毕业生可以选择接受或者拒绝。毕业生选择“同意解约”，则系统生成一份解约函；毕业生选择“不同意”，则解约不成立。另一种是毕业生首先提出解约，须向签约的用人单位发出解约申请，并等待单位的反馈。用人单位同意则协商解约成功，用人单位不同意则解约不成立。

378. 什么是违约？违约责任是什么？

违约即交易双方在均同意进行交易后，任何一方由于种种原因无法继续进行交易，则视为其违约。违约方的保证金将会被扣除，赔偿守约方、认证机构。

违约责任，是当事人违反合同约定所应承担的民事责任。依法成立的合同，对当事人有法律约束力，当事人应当按照合同的约定履行自己的义务。如果当事人一方不履行合同义务或者履行合同义务不符合约定，就应当依法承担继续履行、采取补救措施或者赔偿损失等违约责任。

379. 在什么情况下应当承担违约责任？

当事人在什么情况下应当承担违约责任，涉及违约责任的归责原则问题。归责原则，是确定没有履行合同义务的当事人是否应当承担违约责任的规则，有过错责任原则和无过错责任原则。过错责任原则，是指当事人不履行合同是否应当承担违约责任，应当以其是否有主观上的过错为根据。即有过错就承担责任，没有过错则不承担责任。无过错责任原则，是指当事人只要违约就应当承担责任，而不必首先去考证他是否有过错，除非他能够举证有法定的免责事由。也就是说只要守约方举证对方有违约行为即可，对方如欲免责，只举证自己无过错仍不能免责，还需找出法定免责事由。

合同法原则上采用无过错责任原则，在一些特定情况下采用过错责任原则。首先，当事人不履行合同义务的，即应当承担违约责任，原则上不考虑其是否有过错。这有利于促使当事人认真履行合同义务，有利于促使守约方的利益。其次，并不是说当事人对一切不履行合同的行为都要承担责任，有法定或约定的免责事由的，可免于承担全部或部分责任。比如：

（1）在一般情况下，因不可抗力不能履行合同的，可以根据不可抗力的影响，部分或者全部免除责任，但法律另有规定的不在此限。比如，在客运合同中，承运人对因不可抗力造成旅客人身伤害的要承担责任。再如，当事人迟延履行后发生不可抗力的，不能免除责任。

（2）因货物本身的自然属性造成变质、损坏的，承运人或保管人不承担责任。

（3）当事人可以在合同中约定免责事由，但造成人身伤害或因故意或重大过失造成财产损害的，不能免责。

380. 毕业生怎样使用山东高校毕业生就业信息网？

山东高校毕业生就业信息网（http://www.sdbys.cn）的数据信息主要包括两大部分：一是毕业生信息；二是用人单位的招聘信息。信息网最大的功能就是实现毕业生信息与用人单位招聘信息的对接与交互。

学校使用信息网的本地版软件收集毕业生生源资格信息并上报给毕业生就业主管部门。市属中专学校收集的生源信息经市级就业主管部门审核之后，上报给省级就业主管部门。学校上报的生源信息经省级毕业生就业主管部门审核之后，形成毕业生生源资格数据库。毕业生登录信息网注册之后，完善个人基本信息及生成个人简历。

用人单位按照单位隶属关系到各级毕业生就业主管部门开户。无主管部门的单位，要办理人事代理，并持相关材料到相应的毕业生就业主管部门办理开户手续。单位开户之后，登录信息网发布招聘信息，有主管部门的单位发布的招聘信息需经单位上级主管部门审核。单位发布的招聘信息经就业主管部门审核之后方可对外发布。

毕业生与用人单位在信息网上通过求职信息与招聘信息的交互实现网上双向选择。达成签约意向,进入签约流程。签约之后,就业主管部门在网上办理鉴证手续。相关就业信息进入就业方案数据库。

毕业生与用人单位任何一方提出解约之后,经双方同意,进入解约流程。

381. 大学生志愿服务西部计划的内容是什么?

根据国务院常务会议精神,从 2003 年开始,团中央、教育部、财政部、人力资源和社会保障部共同组织实施西部计划,按照公开招募、自愿报名、组织选拔、集中派遣的方式,每年招募一定数量的普通高等学校应届毕业生,到中西部贫困县的乡镇一级从事志愿服务工作。志愿者服务期满后,鼓励扎根基层,或者自主择业和流动就业,并在升学、就业方面给予一定政策支持。

西部计划面向教育部《全国普通高校名单》中所列高校(可在 xibu. youth. cn 查询)的应届毕业生和在读研究生招募。报名志愿者的学分总绩点(或学业成绩)排名在本院系同年级学生总数前 70%之内,获得毕业证书并具有真实有效居民身份证,身体健康,具有志愿精神。在此基础上,在选拔志愿者时,本科及本科以上学历优先。优秀学生干部和有志愿服务经历者优先。西部急需的农、林、水、医、师、金融、法学类专业者优先。入学前户籍所在地在西部地区者优先。已录取为研究生的应届高校毕业生和在读研究生优先。参加基层青年工作专项行动的志愿者应累计有 1 个月以上基层工作、志愿服务经历或者曾获校级及以上表彰奖励、担任过各级团学组织主要负责人。

西部计划服务期为 1~3 年。西部计划志愿者首次签约期为 1 年或 3 年。签约 1 年的志愿者在服务期满后可以于下一年度 3

月提出延期服务申请，经服务县项目办同意并报服务省项目办，全国项目办根据下一年度服务岗位计划和各专项行动岗位要求，确定延期志愿者名单。

西部计划包括支教、支医、支农、基层青年工作、新疆双语教学、全国农村党员干部现代远程教育（简称农村现代远程教育）、西部基层检察院、西部基层法律援助、西部基层人民法院、开发性金融、西部农村平安建设、灾后重建（原抗震救灾）等12个专项行动。基层检察院、基层法律援助、基层法院要求法律相关专业，开发性金融要求经济类专业，支医专项行动需要医学类专业，支农需要农业、林业相关专业，支教、新疆双语教学专项行动优先考虑师范类学生。其他专项行动没有特定的要求。

西部计划实行按需招募，对口支援服务。在服务地的确定上，东、中部省份招募的志愿者主要集中到对口支援的西部省份服务，西部省份招募的志愿者原则上将在本省服务。报名参加基层青年工作专项行动的志愿者，可以申请回原籍服务。

对我校选拔确定的大学生志愿者，学校负责办理派遣或改派手续；本人要求户口和档案保留学校的，学校为其免费保管。

382. 什么是选调生和公务员招考？

组织部门有计划地从高等院校选调品学兼优的应届大学本科以上毕业生到基层工作，作为党政领导干部后备人和县级以上党政机关高素质的工作人员人选进行重点培养，这批毕业生简称“选调生”。公务员招考是国家公务员制度的重要组成部分，凡是录用到政府公务员职务系列工作的，必须先通过公务员考试。公务员考试有两种：一种是中央、国家机关的公务员录用考试；一种是各省区的公务员录用考试。前者由国家人社部统一组织，后者由各省区人社部门负责组织。

选调生与各单位招录的公务员都是国家公务员。不同点主要有:一是报名条件不同。选调生的报名条件除符合国家公务员的报名条件外,还要求是学生干部、有志于从事党政工作、服从组织安排的本科以上优秀毕业生。二是培养目标不同。选调生的培养方向主要是党政领导干部后备人选和县级以上党政机关高素质的工作人员人选。三是选拔程序不同。选调生的选拔包括资格审查、笔试、面试、体检、考察考核等程序。四是培养管理的措施不同。选调生到基层工作后,组织部门将通过举办培训班、抽调到上级党政机关跟班学习,鼓励参加公开选拔、竞争上岗等得力措施进行重点跟踪培养,帮助选调生脱颖而出。

选调生对高校毕业生来说吸引力较大,相关问题说明如下:

(1)选调范围和数量:全国普通高校及国家承认学历的海外高校(不包括具有民办性质高校和成人院校。)全日制应届大学本科以上学历优秀毕业生,定向培养、委托培养生除外。不限生源,不限户籍。选调数量及具体要求请参看各地选调生公告,各地组织部人社局网站也可以查询。

(2)选调条件:坚持党的基本路线、方针、政策;组织协调能力和语言表达能力较强,有发展潜力;学习成绩优良,基础知识扎实,能够同时获得相应学制的毕业证书和学位证书;学生干部中的共产党员(含预备党员),“211 工程”高校毕业生、少数民族毕业生、报考法检系统的全国重点政法院校毕业生,可放宽为学生干部或共产党员(含预备党员);本科生不超过 24 周岁,硕士研究生不超过 27 周岁,博士研究生不超过 30 周岁。

(3)选调程序:网上报名→笔试→面试资格审查→面试→考察体检→录用。

(4)安排使用:按照有关规定,根据本人填报志愿和工作需要,合理安排选调生的工作单位和岗位。

(5)选调生的专业限制:参加选调生选拔没有严格的专业限制。但根据各地市的实际需求,组织部门在选拔过程中会适当优先考虑紧缺专业的毕业生。

(6)参加选调生选拔的注意事项：一是及时关注学校就业部门的相关公告；二是查阅各地组织部人社局网站相关公告。

383.“三支一扶”的相关政策是什么？

“三支一扶”是指大学生在毕业后到农村基层从事支农、支教、支医和扶贫工作。计划的政策依据是国家人事部2006年颁布的第16号文件《关于组织开展高校毕业生到农村基层从事支教、支农、支医和扶贫工作的通知》，其目的在于为高校毕业生向基层单位落实就业问题提供具体的指导和保障。

(1)计划落实方式

公开招募、自愿报名、组织选拔、统一派遣的方式，主要安排到乡镇从事支教、支农、支医和扶贫工作。

(2)实施过程

实施过程主要包括组织招募和对大学毕业生工作期间的管理服务两方面内容。组织招募有一套详细的工作流程，即每年4月底前，各地收集、汇总、上报乡镇一级教育、农业、卫生等基层岗位需求信息；每年5月底前，各地根据下达的招募计划，采取考核或考试的方式进行公开招募；每年7月底前，派遣“三支一扶”大学生到服务单位报到。《通知》在对“三支一扶”大学生工作期间的户档管理、日常管理、考核管理和经费保障等方面都作出了详尽的规定。对服务期满考核合格的大学生，颁发由人社部统一印制的《高校毕业生到农村基层服务证书》，作为服务期满后享受相关就业优惠政策的依据。

(3)时限

工作时间一般为2～3年，工作期间给予一定的生活补贴。工作期满后，自主择业，择业期间享受一定的政策优惠。

(4)就业服务及优惠政策

①工作期满后,如原基层服务单位有工作空缺,要优先考虑"三支一扶"人员,所在县、乡的企事业单位如有职务空缺,也要拿出部分职务吸纳该部分毕业生。

②对于准备自主创业人员,可享受行政事业性收费减免、小额贷款担保和贴息等有关政策。

③服务期满且考核合格的"三支一扶"毕业生报考公务员可以享受一定的政策加分或同等条件优先录用。

④到西部地区和艰苦边远地区服务2年以上,服务期满后3年内报考硕士研究生初试总分加10分,同等条件下优先录取。

⑤服务期满考核合格的"三支一扶"大学生,根据本人意愿可以回到原籍或到其他地区工作,凡落实了接收单位的,接收单位所在地区应准予落户。

⑥进入国有企事业单位时,由接收单位按照所任职务比照同等条件人员确定其职务工资标准,其服务期限计算为工龄,在今后晋升中高级职称时,同等条件下优先评定等。

(5)各地政府也出台了相关的政策法规,而且不同的地市政策不同,大家可以关注相关地市的具体政策。

384. 大学生村官的相关政策是什么?

大学生村官主要是指2008年4月,中央组织部、教育部等部门联合下发了《关于选聘高校毕业生到村任职工作的意见(试行)》的文件,决定在全国范围内开展选聘高校毕业生到村任职的工作。而在此之前,已经有不少省市地区已经开展了"大学生村官"的选聘工作,如北京在2006年3月,就开展了"村村有大学生"工程,明确提出要"力争用3~5年的时间,实现每个村、每个社区至少有1名高校毕业生"。

开展选聘高校毕业生到村任职工作,对于加强农村基层组织建设,培养有知识、有文化的新农村建设带头人;对于培养具有坚定理想信念和奉献精神,对人民群众有深厚感情的党政干部后备人才,形成来自基层和生产一线的党政干部培养链;对于引导高校毕业生转变就业观念,面向基层就业创业,到经济社会发展最需要的地方施展才华,为建设社会主义新农村、实现全面建设小康社会宏伟目标提供人才支持和组织保证,具有重大而深远的战略意义。

(1)报名条件

30岁以下应届和往届毕业的全日制普通高校专科以上学历的毕业生可报名应聘,重点是应届毕业和毕业1～2年的本科生、研究生,原则上为中共党员(含预备党员),非中共党员的优秀团干部、优秀学生干部也可报名应聘。

(2)选聘工作

选聘高校毕业生到村任职工作的宏观指导由中央组织部牵头,会同中农办、教育部、公安部、民政部、财政部、人力资源和社会保障部、农业部、国家林业局、国务院扶贫办、团中央共同组织开展。各地的选聘工作由省(区、市)党委、政府组织人事部门负责组织。

选聘工作坚持公开、平等、竞争、择优和德才兼备的原则,一般通过个人报名、资格审查、组织考察、体检、公示、决定聘用、培训上岗等程序进行。各地在开展选聘工作时,将把选聘条件、选聘办法、选聘程序、选聘结果及时公布,接受社会的公开监督。是否组织统一考试,由各地根据报名应聘情况和到村任职的需要自行确定。

(3)激励和保障政策

引导和鼓励高校毕业生积极应聘到村任职,中组部会同有关部门,研究制定了八项激励和保障政策:一是比照本地乡镇从高校毕业生中新录用公务员试用期满后工资收入水平确定工作、生活补贴标准,在艰苦边远地区工作的,按规定发放艰苦边远地区津贴，补贴、津贴按月发放；参加养老社会保险。二是在村任职期间，办理医疗、人身意外伤害商业保险。三是符合国家助学贷款代偿政策规定、聘期考核合格的，其在校期间的国家助学贷款本息由国家代为偿还。四是在村任职2年以上，具备“选调生”条件和资格的，经组织推荐，可参加选调生统一招考。五是在村任职2年后报考党政机关公务员的，享受放宽报名条件、增加分数等优惠政策，同等条件下优先录用。县乡机关公务员应重点从选聘到村任职的高校毕业生中招录。六是聘期工作表现良好、考核合格的，报考研究生享受增加分数等优惠政策，在同等条件下优先录取。七是被党政机关或企事业单位正式录用（聘用）后，在村任职工作时间可计算工龄、社会保险缴费年限。八是到西部和艰苦地区农村任职的，户口可留在现户籍所在地。此外，对选聘到村任职的高校毕业生，中央财政还将按人均2000元的标准发放一次性安置费。各地也将根据《关于引导和鼓励高校毕业生面向基层就业的意见》精神和上述政策规定，结合本地实际，细化选聘高校毕业生到村任职工作的有关规定。

选聘到村任职高校毕业生的补贴资金由中央财政和地方财政共同承担。中央财政按照东、中、西部地区人均每年0.5万元、1万元、1.5万元的标准给予补贴，不足部分由地方财政承担。目前，各个地区的“大学生村官”项目一般也是由当地党委的组织部门负责。因此，关心“大学生村官”项目的同学，也可以到当地组织部门网站上查询具体政策，也可关注学校的就业信息网站。

（4）各地政府陆续出台了相关的政策法规，而且不同的地市政策不同，大家可以关注相关地市的具体政策以及实施细则。

385. 高校毕业生毕业后自主创业的优惠政策是什么？

按照《国务院办公厅关于做好2013年全国普通高等学校毕业生就业工作的通知》（国办发[2013]35号）、《国务院关于进一步做好普通高等学校毕业生就业工作的通知》(国发[2011]16号)、《国务院办公厅转发人力资源与社会保障部等部门关于促进以创业带动就业工作指导意见的通知》(国办发[2008]111号)等文件规定，高校毕业生自主创业优惠政策主要包括：

(1)税收优惠。持《就业失业登记证》(注明"自主创业税收政策"或附着《高校毕业生自主创业证》)的高校毕业生在毕业年度内(指毕业所在自然年，即1月1日至12月31日)从事个体经营的，3年内按每户每年8000元为限额依次扣减其当年实际应缴纳的营业税、城市维护建设税、教育费附加和个人所得税。对高校毕业生创办的小型微利企业，按国家规定享受相关税收支持政策。

(2)小额担保贷款和贴息支持。对符合条件的高校毕业生自主创业的，可在创业地按规定申请小额担保贷款；从事微利项目的，可享受不超过10万元贷款额度的财政贴息扶持。对合伙经营和组织起来就业的，可根据实际需要适当提高贷款额度。

(3)免收有关行政事业性收费。毕业2年以内的普通高校毕业生从事个体经营(除国家限制的行业外)的，自其在工商部门首次注册登记之日起3年内，免收管理类、登记类和证照类等有关行政事业性收费。

(4)享受培训补贴。对高校毕业生在毕业学年(即从毕业前一年7月1日起的12个月)内参加创业培训的，根据其获得创业培训合格证书或就业、创业情况，按规定给予培训补贴。

(5)免费创业服务。有创业意愿的高校毕业生，可免费获得公共就业和人才服务机构提供的创业指导服务，包括政策咨询、信息服务、项目开发、风险评估、开业指导、融资服务、跟踪扶持等"一条龙"创业服务。各地在充分发挥各类创业孵化基地作用的基础上，因地制宜建设一批大学生创业孵化基地，并给予相关政策扶持。对基地内大学生创业企业要提供培训和指导服务，落实扶持政策，努力提高创业成功率，延长企业存活期。

（6）取消高校毕业生落户限制，允许高校毕业生在创业地办理落户手续（直辖市按有关规定执行）。

（7）政府人事行政部门所属的人才中介服务机构，免费为自主创业毕业生保管人事档案（包括代办社保、职称、档案工资等有关手续）2 年；提供免费查询人才、劳动力供求信息，免费发布招聘广告等服务；适当减免参加人才集市或人才劳务交流活动收费；优惠为创办企业的员工提供一次培训、测评服务。

（8）以上优惠政策是国家针对所有自主创业的大学生所制定的，各地政府为了扶持当地大学生创业，也出台了相关的政策法规，而且更加细化，更贴近实际。

386. 毕业生毕业前在"录取研究生"与"落实就业单位之间"不能确定该怎么办？

在学校报送就业方案前（一般在 6 月下旬），毕业生因特殊原因不能确定能否被录取研究生的，自行选择按就业或升学派遣。按就业派遣后申请变更的，不论是否与用人单位签约，学校发放的就业报到证必须在入学后 1 个月内交回原就读学校，由学校按规定报省就业主管部门注销。

毕业生升学后提出就业的：统一派遣结束后，因各种原因放弃升学重新就业的，需由本人写出书面申请，经原毕业学校同意，在毕业后 1 年内，由原毕业学校办理就业手续，过期不再办理。申请办理派遣手续时需提交毕业生书面申请、录取通知书和录取院校出具不转户档的证明，本人写出书面申请，可将毕业生派回生源地，由毕业生在当地人才服务机构办理档案托管。

保留学籍资格的：考取研究生（双学位）保留入学资格的毕业生，可按就业派遣，但在择业时应如实向用人单位说明情况，以免申请入学时产生不必要的麻烦。

387. 毕业生离校时未落实工作单位，户口、档案怎么办？

毕业生本人申请，学校同意，保卫处将其在校户口迁入生源地，就业创业指导中心将档案转至入学前所在地政府人社部门。鉴于部分有签约单位的毕业生在规定日期之前不能完成与用人单位的签约手续，为方便毕业生办理手续，这部分毕业生可申请缓派，允许其户口、档案保留学校（普通毕业生最长3月，参加西部计划和孔子学院的毕业生按照国家要求最长可保存2年）。

与用人单位达成就业意向，双方正在签约过程中，在规定上报就业计划之前不能完成就业手续的毕业生；报考选调生、公务员的毕业生正在政审或公示期可以申请缓派。毕业生要持用人单位同意与其签约的证明材料，如同意近期与其签订就业协议的证明或打印网上公示名单，经过学院同意后方可办理相关手续。

录取研究生、已签订正式就业协议（省内、省外）、暂不就业拟继续考研、没有任何签约意向的毕业生不能申请缓派。

388. 毕业生离校前后应该办理哪些手续？

毕业生离校前办理的手续如下：

（1）领取"报到证"。由所在学院统一到学校就业创业指导中心领取后，在毕业生离校时发放。

（2）"户口迁移证"。学校保卫处负责按就业方案办理户口迁移证明，"户口迁移证"由毕业生本人携带，并在有效期内办好落户手续。

（3）体检。校医院负责，不合格者不予派遣。

（4）毕业证和学位证。教务处按学籍管理规定统一发放。

（5）清理各类款项。如书费、水电费、学费等。

（6）注销各种学生证件。如学生证、一卡通等。

（7）党团组织关系的转移。组织部和团委按相关规定办理。

（8）办理国家助学贷款的，要在离校或合同到期前按期清款，确因特殊困难无法还贷的，须征得经办银行同意并办理缓期手续。办理贷款缓期手续的毕业生，负有向银行提供就业单位、联系方式等信息的义务，并应在报到后10日内与经办银行联系确认。否则学校、银行将按规定作为不良信用记录上报，必要时并在相关媒体上公开曝光。

毕业生离校后应办理如下手续：

(1)持《全国普通高等学校毕业生就业报到证》在规定的时间内到报到证上指定的单位部门报到，不得私自涂改《毕业生就业报到证》上所有的内容，否则《毕业生就业报到证》作废。

(2)报到后，凭保卫处发放的户口迁移证在有效期内办好落户手续。

389. 什么样的毕业生可以派遣？

正常毕业，没有升学的毕业生都可以派遣，落实工作单位的派遣到签约单位，未落实工作单位的派遣回生源地。

390. 什么是二次派遣，如何办理相关手续？

二次派遣是指离校时就业报到证签发回生源地人社局的毕业生，在规定期限(自派遣之日起3年)内落实就业单位后，由负责鉴证的人社部门办理的派遣手续。每年的二次派遣工作时间大体自7月16日开始。

(1)省内院校毕业生在省内落实就业单位的手续办理流程

登录"山东高校毕业生就业信息网"(www.sdbys.cn)，与接收单位在网上签订就业协议书。具体操作如下：毕业生登录"山东高校毕业生就业信息网"(www.sdbys.cn)进入个人专区，使用"录入省内就业协议书"功能，将接收单位信息录入到网上并下载打印出来，网上鉴证后，打印出来并加盖相关公章→到生源地人事局开退函→带以上材料到负责鉴证的人社部门办理派遣手续。

(2)省内院校毕业生出省就业的手续办理流程

向学校申请省外就业协议书与接收单位签约,并在"山东高校毕业生就业信息网"(www.sdbys.cn)上录入签约信息→到生源地人社局开退函(山东省生源需要开具退函,非山东生源不需要退函)→带以上材料到省人社厅办理派遣手续。

391.什么是改派,如何办理相关手续?

毕业生的调整改派是指就业报到证已签发到接收单位,在改派期(2年内),因特殊情况与原接收单位解除就业协议,与新接收单位签订就业协议或申请回生源地就业,由各级人社部门办理的改派手续。

(1)省内院校毕业生在省内改派手续办理流程

毕业生与原接收单位解除就业协议,可通过"山东高校毕业生就业信息网"(www.sdbys.cn)走网上解约流程,打印出解约函→登录"山东高校毕业生就业信息网"(www.sdbys.cn),与接收单位在网上签订就业协议书[具体操作如下:毕业生登录"山东高校毕业生就业信息网"(www.sdbys.cn)进入个人专区,使用"录入省内就业协议书"功能,将接收单位信息录入到网上并下载打印出来],网上鉴证后,打印出来并加盖相关公章→就业协议书鉴证和派遣手续由新接收单位的同级人社部门办理。

(2)省内院校毕业生出省改派手续办理流程

向学校申请省外就业协议书与接收单位签约,并在"山东高校毕业生就业信息网"(www.sdbys.cn)上录入签约信息→与原就业单位的解约函→带以上材料到省人社厅办理派遣手续。

(3)解约后回生源地的改派手续办理流程

省内院校山东生源的毕业生带报到证、解约函到生源地市级人社部门办理;省内院校非山东生源的毕业生带报到证、解约函、生源地毕业生就业主管部门的接收函到省人社厅办理。

山东省人力资源和社会保障厅毕业生就业处地址:济南市解放东路16号山东省人力资源市场一楼政务大厅。

392. 什么是报到证？报到证有什么用处？

(1)什么是报到证

报到证(以前曾称"派遣证"),由教育部及省、自治区、直辖市主管毕业生的调配部门签发,是毕业生参加工作的重要凭证。报到证是非常重要的,是和毕业证书、学位证书同等重要的毕业凭证。目前各地接收毕业生(包括回生源所在地)的限制主要就表现在有无报到证上面,若无报到证,各地人社局、人才市场不予接收毕业生的档案,其档案不得在人才市场流动;国家的企事业单位不能将其作为正式员工聘用,日后的转正定级、职称评定等等,都将受到限制。因此,特别提醒同学们,除录取研究生外,其他毕业生都有报到证,并请按报到证上的时间限制办理各种手续。

(2)报到证的用处

①毕业生到用人单位就业时,须持报到证,用人单位凭报到证为毕业生办理相关手续。

②单位所在地公安部门凭报到证为毕业生办理落户手续。

③学校相关部门依据报到证为毕业生办理档案投递和户籍迁移等手续。

④报到证一式两页,正页由毕业生本人持有;副页全称为"普通高等学校毕业生就业通知书",装入毕业生本人档案。

⑤报到证由毕业生到用人单位报到时交给用人单位,是毕业生参加工作时间的初始记载和凭证。

⑥报到证是毕业生就业的证明。其中的姓名必须与毕业生身份证中的姓名一致,单位名称和单位所在地必须准确。

393. 报到证的丢失补办程序如何？

毕业两年内遗失就业报到证的，应持接收单位证明及时到当地或就读学校所在地日报登报挂失，并持报纸、个人申请、报到证副页向学校就业创业指导中心提出申请，就业创业指导中心开具相关证明，然后由毕业生本人自行到省级就业主管部门申请补发。

394. 档案对个人以及用人单位的作用是什么？

由于档案具有真实性、原始性，具有其他任何材料不可替代的依据和凭证作用，所以它有极强的法律效益。它不仅为领导决策、教学、科研和管理等工作服务，同时也为你的切身利益服务，帮你解决没有档案就无法解决的问题。对于个人来说，无论是工作调动、出国政审、职称评审、工资调整、劳动保险，还是入党团以及离退休手续的办理、各项证明的出具等等手续都将以档案材料的审核为重要依据。

按照有关规定，在各级政府人社部门人才流动服务机构保存人事关系及档案的人员，人才中心将保障其合法权益和应有的社会、政治待遇，如保留原有身份、工龄连续计算、国家规定的档案工资调升、转正定级、职称评定、出国（境）政审、党团关系管理、婚姻生育管理、代办社会保险、证件年审、出具以档案为依据的各种法律证明等等。

例如，学籍档案可以为各类在校生、毕业生的就业、留学或毕业证书丢失的毕业生出示成绩证明、学历证明、姓名更正、参加工作时间等有关证明。可以说每个人都在以自己的实践活动谱写着自己的历史，同时将其转化为文字在档案中不断补充、不断添入新内容。所以说人事档案将伴随每个人的一生并发挥着重要的作用。

对于用人单位来说,档案的作用主要体现在为单位人事部门提供依据。档案是历史的真实记录,通过档案可以清楚地了解过去的工作轨迹,总结经验教训,为领导科学决策和科学管理提供重要的参考和依据。

现代企业为了做到知人善任、选贤举能,将尽可能全面、准确地了解员工,通常会将考察现状与查阅档案材料中的思想言行、业务水平、个人素质、历史情况等原始材料有机结合。尤其会将档案中的学业成绩及思想表现情况作为接收毕业生的重要依据。而在用人过程中形成的定级、调资、任免、晋升、奖惩等方面的呈报、审批材料都会汇总,归入本人档案并作为考核依据。

因此用人单位在人事任免、考核时,都经常要用档案,考察其德、能、勤、绩等情况,从而全面准确地了解个人的情况,为人力资源的正确选拔和使用起到了重要的参考作用。

395. 我校毕业生档案的发送及查询有哪些规定?

毕业生档案是按照相关要求发送,一般在毕业生离校后两周内开始转递。

毕业生报到后,8月份用人单位仍未接收到档案的,请毕业生登录"山东高校毕业生就业信息网"自行查询,也可到学校就业创业指导中心或咨询学院辅导员老师查询,毕业生档案查询时间不能超过1年,逾期学校可能无法协助查询。

396. 毕业生户籍迁移手续该如何办理?

毕业生户籍迁移手续由学校保卫处综合科办理。有的学生的户口入学时没有迁到学校,就不存在户口迁转的问题。对于入学时户口已经迁入学校的毕业生,在毕业时户口要迁出。根据不同的情况，迁往地址不同：①落实工作单位的，户口迁往工作单位所在地。②没有落实工作单位的，户口迁回生源地。③录取研究生的，户口迁往录取院校。

397. 什么是“五险一金”？

《中华人民共和国劳动法》第九章第七十三条规定：“劳动者在下列情形下，依法享受社会保险待遇：(1)退休；(2)患病、负伤；(3)因工伤残或者患职业病；(4)失业；(5)生育。”因此，“五险”包括养老保险、医疗保险、工伤保险、失业保险和生育保险，其中养老保险、医疗保险和失业保险这三种险是由用人单位和个人共同缴纳保费，工伤保险和生育保险完全是用人单位承担的，个人不需要缴纳。“一金”指住房公积金。《国务院关于修改〈住房公积金管理条例〉的决定》第一条中将住房公积金定义为“国家机关、国有企业、城镇集体企业、外商投资企业、城镇私营企业及其他城镇企业、事业单位、民办非企业单位、社会团体及其在职职工缴存的长期住房储金”，住房公积金由用人单位和个人共同缴纳。“四险一金”和“三险一金”的说法是不全面的。

398. 什么是人事代理？

人事代理是适应社会主义市场经济发展需要而产生的一种新型的人事管理制度，是指人才服务机构接受用人单位或个人的委托，以人事关系及档案管理为基础内容，对其人事业务以及相关事宜所提供的一系列社会化服务。

人事代理具体是指政府人事部门所属的人才服务机构接受单位或个人的委托，依据法律法规，运用社会化服务的方式，对人事业务实行代理，解决人事管理方面所遇到的问题。人事代理除了管理档案和人事关系之外，还办理相关的人事业务，如晋升档案工资、评聘职称、代办社会保险等，更重要的是建立与社会主义市场经济体制相配套的新型人事管理方式，让“单位人”成为“社会人”，以促进人才资源的合理配置。

399. 人事代理的对象是什么？

(1)外商投资企业、乡镇企业、区街企业、民营科技企业、私营企业，外国企业驻本市代表机构，外省、市用人单位驻本市办事机构，非国有控股的股份制企业中的专业技术人员和管理人员。

(2)律师、会计、审计、公证等社会中介机构的专业技术人员和管理人员。

(3)辞职或者被辞退的机关工作人员、企事业单位专业技术人员和管理人员。

(4)与用人单位中止或者解除劳动关系的专业技术人员和管理人员。

(5)被用人单位聘用的大中专毕业生、暂未落实工作单位或自谋职业的大中专毕业生。

(6)自费出国(境)留学人员。

(7)县以上政府人事部门确认具有技术职称的农村乡土人才。

(8)通过人才市场招聘的各类专业技术人员和管理人员。

(9)国有和非国有单位委托代理的各类人员。

400. 人事代理的服务内容是什么？

以下内容可以全部委托代理，也可以部分委托代理：

(1)从单位角度

①协助单位制定人才发展规划和人事管理方案。

②为单位代办各类专业技术人员和管理人员的引进推荐和招聘服务。

③开展人事考核、培训、人才素质测评等业务。

④为单位提供人才派遣(租赁)、猎头中介和人才流动服务。

⑤为单位和个人办理人事档案的收集、整理、保管、利用、归档、传递等管理工作。

⑥为单位聘用的专业技术人员和管理人员办理聘用合同的鉴证。

⑦按照有关规定代收代缴单位和个人缴纳的养老、医疗等社会保险和住房公积金等。

⑧为单位引进的人才及毕业生办理接收手续。

(2)从代理人员角度

①为代理人员及毕业生办理见习期满转正定级、初定或晋升专业技术职称、申报优秀专家等。

②为代理人员进行年度考核、调整档案工资、保留原身份、连续计算工龄。

③为代理人员办理户口迁移,提供集体户口挂靠。

④代办职称(资格)考试、评审的有关手续。

⑤为代理人员办理退休手续。

⑥为代理人员办理党组织关系接转、预备党员的转正和流动党员组织管理。

⑦为代理人员的流动办理调动、录(聘)用手续及就业推荐。

⑧为代理人员出具考研、结婚、生育、购房及因公、因私出国(境)等证明材料。

⑨经过授权,可通过网络远程查询档案基本情况及社会保险缴费情况。

(3)实行人事代理的好处

①实行人事代理可以从根本上破除职工和单位之间以人事关系和档案为纽带的依附关系,使职工由单位人变为社会人。单位和职工双方的权利、义务通过劳动(聘用)合同予以明确,以法律契约关系,使单位用人自主权和个人择业自主权落到实处。

②实行人事代理可以使用人单位从繁杂的人事管理事务中解脱出来。凡涉及聘用人员的人事关系及档案管理、社会保险、职称评审、档案工资调整、就业推荐、户口挂靠等事务性工作,均由人才服务机构提供代理服务,从而使用人单位专注于选人用人和事业发展等核心职能。

③实行人事代理可以在用人单位内部形成竞争机制,激发内部活力。根据双方确定的合同关系,单位对不能胜任工作的职工,可以予以解聘或辞退,这样改变了传统的用人方式,增强了职工的危机感和竞争意识;个人也通过合同约定,强化了个人的法律地位,明确自己在服务期内的权利、义务和责任,有效地保护自己的合法权益,充分享受自主择业、合理流动的权利。

附件　常用咨询电话和咨询方式

同学们进入大学后，在学习生活中会遇到这样那样的问题需要解决。结合日常工作经验，下面选取一些同学们经常遇到和需要咨询的问题，给出联系的部门和联系方式，以备同学之需。备注栏里是除联系有关部门外，也可以找相关人员咨询。此外，为了及时解答同学们的困惑和疑问，学生工作处、教务处、图书馆、后勤处、各学院网站上都开通了类似"有问有答"的栏目，及时答复和解决同学们提出的各类问题，同学们可以随时浏览和留言。

附表　　　　常用咨询电话和咨询方式

问题	单位	电话	备注
报警	学校报警指挥中心	5688110 5688067	
学生保险、家庭经济困难学生资助	学生处资助管理中心	5688498	辅导员
学生奖惩	学生处学生管理科	5688239	辅导员
学生心理健康	学生处心理指导中心	5688323	辅导员
学生公寓	学生处公寓管理中心	5688850 5688851 5688636	

续表

问题	单位	电话	备注
学生就业	学生处就业创业指导中心	5683639 5688329 5688346	辅导员
学生应征入伍	人民武装部	5688716 5688337	辅导员
学生选课、转专业等学籍教务	教务处教务科	5688326	院教务员
学生考试	教务处考试科	5672870	院教务员
学生招生	教务处招生办	5688282	
学生教材	教务处教学服务科	5688770 5688141	
各类学科竞赛、第二校园经历	教务处实践科	5688860	辅导员
教室管理	教务处教学服务科	5688687	
海外学习、实践经历	教务处、国际处、学生处	5688860 5688829 5688239	视组织而定
校园网络	网络中心	5688044	
一卡通	一卡通管理中心	5688190 5688903	
浴池、公共水电维修	后勤处水电维修服务中心	5688330 5688922	
学生餐饮	后勤处饮食管理中心	5672969	

续表

问题	单位	电话	备注
学生科技创新	团委科创中心	5688776	
青年志愿服务、社会实践	团委实践部	5688776	
社团工作	团委社团文体部	5688701	
信件收发	校办收发室	5688315	
学费收缴、补助发放	学校财务处	5688310	
研究生教育管理	学生处研究生工作办公室	5688387	
研究生培养、学籍管理等	研究生处	5688367 5688926	
学生户籍	保卫处户籍科	5688296	
治安	保卫处治安科	5688271	
门卫	保卫处东门岗	5688250	
	保卫处西门岗	5688610	
	保卫处南门岗	5688910	
	保卫处北门岗	5688855	

图书在版编目(CIP)数据

成长·成才·成功/杨玉,葛彩云,常伟东主编. —7版.
—济南:山东大学出版社,2016.8
ISBN 978-7-5607-2843-8

Ⅰ.①成… Ⅱ.①杨… ②葛… ③常… Ⅲ.大学生—学生生活 Ⅳ.G645.5

中国版本图书馆 CIP 数据核字(2004)第 083903 号

责任策划:刘旭东
责任编辑:米克荣
封面设计:张　荔

出版发行:山东大学出版社
社　　址:山东省济南市山大南路 20 号
邮　　编:250100
电　　话:市场部(0531)88364466
经　　销:山东省新华书店
印　　刷:泰安金彩印务有限公司
规　　格:850 毫米×1168 毫米　1/32
　　　　　8.5 印张　213 千字
版　　次:2016 年 8 月第 7 版
印　　次:2016 年 8 月第 7 次印刷
定　　价:19.00 元